Vegetarisch

WIDMUNG

Für Annie und Gabriel

DANKSAGUNG

Vielen Dank dem Gärtner William Beinart für die Versorgung mit Wunderbarem aus dem Garten. Sein grüner Daumen ist ebenso legendär wie seine Küche. Danke allen, die mich mit Rezepten eingedeckt haben. Es hat Spaß gemacht, sie auszuprobieren und zu kosten.

Danke, Andi, für das tolle Design, und den Kollegen vom New Internationalist für ihre Unterstützung.

Und schließlich auch ein besonderes Dankeschön an mein Pferd Copper und seinen Weidegenossen Harley, die mit ihrer nie abreißenden Lieferung wertvollen Düngers dazu beitragen, dass unser Garten immer in Hochform ist.

Die englische Originalausgabe erschien unter dem Titel «The Global Vegetarian Kitchen» im Verlag New Internationalist Publications Ltd, Oxford, UK, 2010

Umschlagfoto © Kam & Co. Dänemark
Design Andrey Kokotka / New Internationalist
Food-Fotos © Kam & Co. Dänemark
© Alle anderen Fotos von Einzelfotografen, Seiten 254 und 255

© 2010 für die deutsche Ausgabe
FONA VERLAG AG, CH-5600 Lenzburg, www.fona.ch
Übersetzt aus dem Englischen von Jens und Antje Bommel
Redaktion der deutschen Ausgabe: Léonie Schmid
Printed and bound by 1010 Printing International Limited, China.

ISBN 978-3-03780-421-6

FSC
Mixed Sources
Product group from well-managed forests, controlled sources and recycled wood or fibre
Cert no. SGS-COC-003963
www.fsc.org
© 1996 Forest Stewardship Council

Vegetarisch

aus aller Welt

Troth Wells

FONA

Vorspeisen, Suppen & Snacks

Hauptgerichte

Salate, Beilagen & Saucen

Süßes & Drinks

Internationale vegetarische Küche

Als ich an diesem Buch zu arbeiten begann, war unser südafrikanischer Freund Luvuyo zu Besuch. Natürlich inspizierten wir gemeinsam meinen Gemüsegarten, und unsere besondere Aufmerksamkeit galt dem Mais. Er stammt aus Mittelamerika und ist heute in vielen afrikanischen Ländern ein Grundnahrungsmittel. Als wir da so in der Sonne standen, erzählte mir Luvuyo, wie er als Teenager bei seinen Großeltern in der früheren Transkei immer ein Gericht aß, das aus Zuckermais und Maas (einer Art Joghurt) bestand. Natürlich bat ich ihn um das Rezept! Es steht, zusammen mit der Geschichte, in diesem Buch.

Luvuyo ist nicht Vegetarier, aber er isst heute weniger Fleisch als früher. Das hat für ihn, wie für viele Menschen, gesundheitliche Gründe: das Risiko eines Herzinfarkts steigt, wenn wir viel Fleisch und viele Milchprodukte essen. Und da man selbst bei magerem Fleisch schneller Fett ansetzt als bei vegetarischer Ernährung, liegt auf der Hand, dass das weder gut für unser Herz noch für unsere schlanke Linie ist.

Luvuyo begutachtet unsere Maispflanzen

Leider nimmt der Fleischkonsum in den ärmeren Teilen der Welt ständig zu, parallel zum immer größer werdenden Wohlstand (von dem allerdings nur wenige Menschen profitieren). Die Menschen dort konsumieren inzwischen durchschnittlich 30 kg Fleisch pro Jahr; das ist allerdings noch deutlich weniger als die 80 kg Fleisch pro Kopf und Jahr in den reichen Ländern dieser Erde. Besonders spürbar ist die Zunahme in China und in Indien, wo der wachsende Mittelstand eine Vorreiterrolle einnimmt, sicher auch forciert durch die Anziehungskraft und das Marketing von McDonald's & Co. Globaler Kapitalismus und ein bestimmter Way of life gehen hier Hand in Hand. Während Fleisch in Teilen der ärmeren Länder immer stärker mit einem höheren sozialen Status, steigendem Einkommen und Erfolg gleichgesetzt wird, ist es in anderen Ländern der Erde ein Symbol für Potenz – etwas, das ein «echter» Mann einfach essen muss. In Volksgruppen, die man als Jäger und Sammler bezeichnen könnte, die heute allerdings immer seltener werden, spielt Fleisch zwar eine zentrale Rolle, aber es wird eher selten gegessen – und Tiere werden nicht intensiv für den menschlichen Verzehr gezüchtet. Der Umgang mit Fleisch als Nahrungsquelle ist nachhaltiger und wesentlich ausgeglichener als bei uns.

Ein vielseitiges Gemüse: der beliebte Zucchino

Der immer größere Fleischkonsum hat gleichzeitig zu einem starken Anstieg der Getreideproduktion geführt. In der Landwirtschaft werden heute etwa 200–250 Millionen Tonnen mehr Getreide an Tiere verfüttert als noch vor 20 Jahren. Ein unglaublich verschwenderischer Umgang mit unseren natürlichen Resourcen, wie Garry Peterson im Ecological Economics ausführt: «Man benötigt drei Kilo Getreide, um ein Kilo Schweinefleisch zu produzieren, und acht Kilo Getreide für ein Kilo Rindfleisch.»

Eine andere Schattenseite der Viehwirtschaft ist das Methan, welches Wiederkäuer produzieren. Natürlich ist das ein ernsthaftes Problem, aber es entbehrt auch nicht einer gewissen Ironie: Ist es nicht eine seltsame Logik, dass gerade eine unserer Hauptnahrungsquellen zum menschlichen Untergang beiträgt? Doch wenn man bedenkt, dass die Viehzucht für 80% des Treibhausgases in der Landwirtschaft verantwortlich ist, werde ich rasch wieder ernst.

LASST DIE TIERE IN RUHE

Das Schlimmste am Fleischverzehr ist die Grausamkeit, welche die Tiere erleiden müssen, bevor sie auf dem Teller landen. Viele leben vollkommen verkümmert und zusammengepfercht und werden mit Futter und Medikamenten, zum Beispiel Antibiotika oder (in den USA) mit Wachstumshormonen buchstäblich vollgestopft. Das Vieh wird auf riesigen Futterplätzen gemästet. Hühner hocken, von Qualen gepeinigt, auf ihren deformierten Krallen in winzigen Käfigen. Wir würden wahrscheinlich gar nicht so viel über diesen ganzen Horror wissen, wären nicht die zahlreichen Organisationen weltweit, welche all die Skandale publik machen.

Die Wahrheit ist doch, dass wir nicht die ganze Welt mit Fleisch und Milchprodukten versorgen können. Das ist einfach nicht nachhaltig. Schon heute werden 70% der weltweiten landwirtschaftlichen Fläche und 30% der gesamten Landfläche der Erde für die Viehzucht gebraucht. Da ist nicht mehr viel Spielraum.

Die Viehzucht ist zudem nicht besonders gut für das Land. Ein Bauer kann bis zu 30 Menschen ein Jahr lang von einem Hektar Ackerland ernähren, wenn er es für Obst, Gemüse, Getreide und pflanzliche Fette nutzt. Wenn auf der gleichen Fläche Fleisch, Milch und Eier produziert werden, reicht das Land nur für 5–10 Menschen.

Tiere zu essen, ist also nicht gut für uns, und es ist erst recht nicht gut für die Tiere. Außerdem trägt es dazu bei, unseren Planeten zu zerstören. Wir sollten uns nach anderen Nahrungsquellen umsehen. Hier wird es nun interessant, denn alles ist möglich – wir müssen uns nur dafür öffnen. Heutzutage sind Gerichte ohne Fleisch zum Beispiel viel leichter zu bekommen als noch vor einigen Jahren. Als ich in den 1980er-Jahren in Malaysia lebte, gab es da nur ganz wenige Restaurants, die sich selbst als vegetarisch ausgaben, obwohl natürlich ein Großteil der indischen Küche dort bereits fleischlos war. Als ich kürzlich wieder in Penang war, konnte ich feststellen, dass es nun etliche rein vegetarische Restaurants gibt. Sicher, damit trägt man vor allem dem Tourismus Rechnung, aber dennoch ist es eine große Veränderung.

EIN WEITER BEGRIFF

Die Anzahl derer, die sich Vegetarier oder Veganer nennen, ist nicht sehr groß. Sie bleiben eine kleine Minderheit. In Großbritannien hat eine Umfrage gezeigt, dass nur 2% der Bevölkerung Veganer sind, 3% Vegetarier und 5% nur Fisch und Geflügel essen. Vielleicht wollen die Menschen einfach nicht in eine Schublade gezwängt werden und dies auch nicht selbst tun. Oder aber die Vegetarier-Bewegung hat inzwischen etwas Dampf abgelassen und ihr missionarischer Eifer ist nicht mehr so groß. Ich glaube, dass die Vegetarier nicht mehr ein so großes Sendungsbewusstsein haben, weil fleischlose Gerichte heutzutage

Auch in Malaysia immer häufiger anzutreffen: vegetarische Küche

viel leichter zu bekommen sind und in unserem Leben und auf unseren Tellern sowieso eine viel größere Rolle spielen. Es gibt heute so viele Produkte pflanzlicher Herkunft, die mit so viel Fantasie zubereitet werden, dass es einfach Spaß macht, sie zu essen. Daraus hat sich eine Art Mainstream entwickelt, der vor wenigen Jahren undenkbar gewesen wäre.

Für viele Menschen ist die Zeit vorbei, als ein Gericht ohne Fleisch als unvollständig galt. In reicheren Ländern und für reichere Menschen in ärmeren Ländern steht eine üppige Auswahl an köstlichen, frischen, knackigen, farbenprächtigen und sättigenden Nahrungsmitteln zur Verfügung. Marktstände, üppig dekoriert mit roten Peperoni und fleischigen Tomaten, knackigen Salaten, attraktiven roten Radieschen, saftigen Gurken, der violetten Verheißung glänzender Auberginen, in Reih und Glied liegenden gelben Maiskolben, Kartoffeln, samtigen Pilzen, Stapeln von Zucchini, prallem rotem

Obst und knallgelben Zitronen, Bündel von Kräutern … Was für ein Kaleidoskop an Formen, Größen, Farben, Aromen!
Für viele von uns ist der Markt vielleicht in einem Supermarkt, auch, wenn wir es vorziehen würden, es Kochbuchautor Nigel Slater gleich zu tun, der «noch nie einen Fuß in den Laden der Tasco-Supermarktkette gesetzt» hat und hauptsächlich «in kleinen lokalen Läden, auf Bauernmärkten, in richtigen Metzgereien, Fisch-, Feinkost- und Käseläden» einkauft, «anstatt alles auf einmal bei einem Wocheneinkauf im Supermarkt zu besorgen». Ach ja! Wir können nicht mehr tun, als was wir können.

SELBST ZIEHEN

Sein Gemüse selbst zu ziehen, ist eine Alternative. Was gibt es schließlich Verführerischeres, als Samen in die Erde zu stecken und dann mit anzusehen, wie sie sich in köstliche Nahrungsmittel verwandeln? Selbst wenn man keinen Garten hat, kann man Petersilie oder andere Kräuter in Töpfen auf der Fensterbank ziehen – das ist gut für Seele und Körper. Auch, wenn das selbstgezogene Gemüse nicht ausreicht, um unseren Bedarf komplett zu decken, so ist das zumindest ein Anfang. Barbara Kingsolver, Bestseller-Autorin von The Poisonwood Bible, brach alle ihre Zelte ab, um mit ihrer Familie auf eine Farm in den Appalachen zu ziehen, ein bewaldetes Mittelgebirge im Osten Nordamerikas.

Dort verbrachten sie ein Jahr, sie pflanzten alles an, was ihnen in den Sinn kam, und hielten auch einige Tiere. Diese Zeit beschreibt Barbara auf amüsante Weise in ihrem Buch «Animal, Vegetable, Miracle»: «Viele von uns haben, obwohl sie selbst keine Bauern oder Gärtner mehr sind, noch ein bisschen Landnostalgie in den Adern.»

Als ich dieses Buch schrieb, begann ich unseren Garten plötzlich mit neu erwachtem Enthusiasmus zu betrachten: Die winterharten Pflanzen, die sich tapfer unter einer dicken Schneedecke duckten, später die ersten zarten Pflänzchen, die aus der Erde hervorguckten und sich wacker gegen Wetter und Schnecken behaupteten, bis hin zu den üppigen Gemüsen und Früchten gegen Ende des Sommers, den Himbeeren, dem Zuckermais, den Zucchini, den Auberginen, den Peperoni, den Tomaten und all den vielen Kräutern, welche alle im Überfluss

Jungpflanzen recken sich zur Sonne hin

vorhanden waren. Es hat etwas sehr Befriedigendes, in körperlichem Kontakt mit der Erde zu sein, in der alles wächst, und seine Nahrung aus dem zuzubereiten, was man selbst angebaut hat.

Früher kamen die Rezepte in den Büchern von New Internationalist nur aus den ärmeren Ländern der Welt, und ich hoffe, sie haben dazu beigetragen, zu zeigen, dass es überall auf der Erde ganz köstliche Gerichte gibt, egal, wo man lebt und wie schwierig das Leben dort ist. Die Idee dieses Buches ist eine andere. Es beginnt im Garten, im Frühbeet, im Schrebergarten, im Blumentopf mit Petersilie. Ganz egal, wie gut oder hoffnungslos schlecht Sie darin sind, Ihr eigenes Gemüse zu ziehen, irgendetwas wird bestimmt gedeihen. Und das ist immerhin ein Anfang. Ich bin keine besonders gute Gemüsegärtnerin, und von einer Starköchin bin ich meilenweit entfernt, aber deshalb kann ich gleichwohl das genießen, was ich tue. Einige Rezepte in diesem Buch sind ganz einfach

Pennys australisches Pavlova

aus dem entstanden, was in meinem Garten gerade reif war, wie zum Beispiel Pastinaken und Fenchel, aus denen ich dann eine Suppe gekocht habe. Oder der Holunderblütenlikör, den ich im Juni aus den üppig duftenden Dolden zubereitet habe, die auf der Wiese stehen, auf der mein altes Pferd Copper weidet. Solche Rezepte sind

Sommerliche Freuden:
Erbsen aus dem eigenen Garten

Törtchen mit Stachelbeerkonfitüre –
einfach unglaublich verlockend!

einfach, aber sie schmecken wunderbar. Und ich glaube, das ist für viele Menschen das, was zählt.

Natürlich ließ ich den Blick auch weiter schweifen und habe Rezepte aus aller Welt gesammelt. Viele sind von Freunden und etliche wurden von Lesern der New-Internationalist-Bücher eingesandt. Wir bekamen Zuschriften aus ganz verschiedenen Ländern, einschließlich Europa, Nordamerika und Australasien. Sie werden auch Klassiker entdecken wie Lasagne, Nusscake, Bostoner Bohnen und ein australisches Pavlova, nach dem Sie ganz verrückt sein werden, wenn Sie es erst einmal probiert haben.

In guter New-Internationalist-Kochbuch-tradition kommen jedoch die meisten Rezepte aus Afrika, Indien, China und anderen Teilen Asiens, aus dem Mittleren Osten und aus Lateinamerika – nicht zu vergessen ein köstlicher südafrikanischer Bohneneintopf, würziges Couscous aus Marokko, koreanisches Gemüse mit Reis mit dem wunderbaren Namen Bibimbap, nepalesisches Linsencurry, Thai-Suppe mit Zitronengras, würziger Auberginen-Kartoffel-Eintopf aus Indonesien, knusprige Knoblauch-Kartoffeln aus Indien, mexikanische Burritos und ein Papaya-Dessert aus Brasilien … oder der traumhafte kubanische Daiquiri, ein fruchtiger Rumdrink, an dem man zum Beispiel beim Kochen immer mal wieder nippen kann. Entdecken Sie die immense Vielfalt vegetarischer Gerichte, die zum Nachkochen einladen und die Sie bei Tisch genießen sollten!

Troth Wells

VORSPEISEN, SUPPEN & SNACKS

Baba Ghanoush – Auberginen-Dip

Der bekannte Auberginen-Dip hat ein köstliches Aroma, das durch das Tahin noch betont wird. Servieren Sie ihn zusammen mit Pita-Brot und mit Gemüsestreifen von Karotten, Peperoni / Gemüsepaprika, Gurken usw.

FÜR 4 PERSONEN

2 Auberginen
2 Knoblauchzehen, zerkleinert
¼ TL Kreuzkümmelpulver
¼ TL Korianderpulver
2 EL Zitronensaft
1 EL Tahin
1 EL Naturjoghurt oder Öl
1 EL gehackte Petersilie
Salz, frisch gemahlener Pfeffer

glattblättrige Petersilie
für die Garnitur

1 Backofen auf Grillstufe vorheizen.

2 Auberginen mit einem Holzspießchen oder einer Gabel ein paar Mal einstechen, auf ein Backblech legen. Im Ofen unter öfterem Wenden grillen, bis die Auberginen weich sind. Herausnehmen, abkühlen lassen.

3 Die Auberginen halbieren, das Fruchtfleisch mit einer Gabel oder einem Löffel aus der Schale lösen, mit restlichen Zutaten mixen, mit Salz und Pfeffer abschmecken. Eventuell mehr Zitronensaft, Joghurt oder Öl hinzufügen, bis der Dip die gewünschte Konsistenz hat.

Besara – Bohnen-Dip

Dieser Bohnen-Dip stammt aus dem Mittleren Osten. Für Besara werden oft große getrocknete Dicke Bohnen verwendet, die auch Saubohnen oder Puffbohnen genannt werden. Doch das Gericht kann ebenso mit anderen Bohnensorten zubereitet werden, egal ob frisch, tiefgefroren oder aus der Dose.

FÜR 4 BIS 6 PERSONEN

250 g gekochte große
weiße Bohnen / Saubohnen, Seite 74
2 EL gehackte Minze
1 EL Naturjoghurt
Olivenöl extra vergine
1 EL Zitronensaft
Salz
frisch gemahlener Pfeffer

Olivenöl extra vergine
1 Zitrone, in Schnitzen

1 Die weißen Bohnen pürieren, Minze, Naturjoghurt, Zitronensaft sowie Olivenöl unterrühren, abschmecken mit Salz und Pfeffer.

2 Bohnen-Dip mit heißem Pita-Brot servieren. Olivenöl und Zitronenspalten dazu servieren.

Kürbissuppe

Die Kürbissuppe ist in unserer Familie ein echtes Lieblingsgericht – zudem hat sie eine herrlich warme Farbe. Für eine Suppe eignen sich eher mehlige Kürbissorten. Die Suppe schmeckt köstlich mit getoastetem Brot.

FÜR 4 PERSONEN

2 EL Olivenöl extra vergine
1 EL Kreuzkümmelsamen
1 mittelgroße Zwiebel, fein gewürfelt
2 Knoblauchzehen, fein gewürfelt
1 kleine Lauchstange
ca. 1½ kg Butternut oder andere Kürbissorte
1½ l Gemüsebrühe
2–4 EL Crème fraîche oder Naturjoghurt
Salz
frisch gemahlener Pfeffer

glattblättrige Petersilie für die Garnitur

1 Kürbis vierteln und entkernen. Je nach Dicke und Festigkeit der Schale diese mit dem Sparschäler oder mit dem Messer entfernen, das Fruchtfleisch in Würfelchen schneiden. Beim Lauch die grobfasrigen Teile entfernen und die Stange in feine Ringe schneiden.

2 Kreuzkümmel in einem großen Topf im Öl schwach rösten, Zwiebeln, Knoblauch, Lauch und Kürbis zugeben, 5 bis 10 Minuten dünsten, mit der Gemüsebrühe auffüllen, aufkochen, köcheln lassen, bis der Kürbis weich ist, das dauert etwa 10 Minuten. Portionsweise pürieren.

3 Die Kürbissuppe aufkochen, mit Crème fraîche verfeinern, mit Salz und Pfeffer abschmecken. Anrichten. Mit der Petersilie garnieren. Mit Toastbrot servieren.

Caponata – Auberginen-Antipasto

Die Sizilianer servieren die Caponata als Antipasto. Mein Lieblingsantipasto serviere ich in der Regel mit Salami und Bruschetta, aber es schmeckt genau so gut «solo». Eine gute Caponata erfordert Liebe und Zeit. Sie lässt sich gut zubereiten, wenn Sie einen Nachmittag für sich haben, um in Ruhe in der Küche zu hantieren. Das folgende Rezept – es beruht auf der Version von Eufemia Azzolina Pupella – ergibt eine beachtliche Menge. Als Antipasto reicht es locker für 6 Personen, und wenn etwas übrigbleibt, können Sie es einfrieren oder heiß einfüllen und als kleines Mitbringsel zu einem Besuch mitnehmen … zusammen mit einer guten Flasche Wein, versteht sich!

Annie Tiranti, London

FÜR 6 PERSONEN

3 EL Olivenöl extra vergine, vorzugsweise sizilianisches
4 Auberginen
2–3 kleine Zwiebeln, fein gewürfelt
1 EL Kapern
150 g entsteinte Oliven, gewürfelt
2 Spross Stangensellerie, in Scheiben
1 Glas oder 1 Dose Tomaten, ca. 800 g
1,2 dl/120 ml Rotweinessig
1 EL Rohrohrzucker
1 EL fein geschnittener Basilikum
Salz
frisch gemahlener Pfeffer

Basilikum für die Garnitur

1 Auberginen auf der Stiel- und der Blütenseite kappen, die Gemüsefrüchte in Würfelchen schneiden, evtl. 10 Minuten zum Entbittern (ist bei jungen, frischen Auberginen nicht notwendig) im Salzwasser einlegen, mit Küchenpapier trocknen.

2 Bei den Pelati den Stielansatz entfernen, Tomaten zerkleinern.

3 Auberginen in einer weiten Bratpfanne (evtl. portionsweise) in Olivenöl (Menge nach Belieben) etwa 20 Minuten braten, bis sie weich sind.

4 Kapern zum Entsalzen einige Minuten im Wasser einlegen, abtropfen lassen.

5 Zwiebeln in einem großen Topf im Olivenöl andünsten, Kapern, Oliven und Stangensellerie mitdünsten, Tomaten zugeben, bei schwacher Hitze etwa 30 Minuten köcheln lassen. Auberginen, Essig, Zucker und Basilikum unterrühren, weitere 10 Minuten köcheln lassen, damit sich die Aromen verbinden. Mit Salz und Pfeffer abschmecken.

6 Topf von der Wärmequelle nehmen, Caponata zugedeckt abkühlen lassen. In eine Schüssel füllen, mit Basilikum garnieren. «Solo» essen oder mit Crackern oder geröstetem Brot servieren.

Maiskolben in Kokosnussmilch

Dieses Arme-Leute-Essen ist in Tansania sehr beliebt und überall günstig zu bekommen. Es schmeckt köstlich. Meine Freunde können nie genug davon bekommen.

Kamar Goddard, England

FÜR 4 PERSONEN

4 erntefrische Zuckermaiskolben
½ l Kokosnussmilch
2 Prisen Kurkuma
1 Zitrone, Saft
1 EL gehackter Koriander
Salz

1 Bei den Maiskolben Hüllblätter und Barthaare entfernen. Kolben quer halbieren.

2 Kokosmilch, Kurkuma und Zitronensaft in einer weiten Pfanne unter Rühren aufkochen. Zuckermaisstücke hineinlegen und bei schwacher Hitze 10 bis 15 Minuten köcheln lassen (je erntefrischer der Mais ist, desto schneller ist er gar), bis die Körner weich sind. Koriander darüberstreuen, weitere 2 Minuten köcheln lassen. Mit Salz abschmecken.

3 Maiskolbenstücke mit Holzspießchen oder Gabeln aufspießen und mit der Sauce beträufelt servieren.

Holländische Erbsensuppe

Das Suppenrezept ist über die Großmutter und Mutter zur Enkelin gekommen. Erbsensuppe, auch «snert» genannt, ist in Holland ein sehr beliebtes Wintergericht. Fast jede Region kennt ihr eigenes Rezept. Die Suppe wird mit einer Scheibe selbstgebackenem Brot serviert. Besonders willkommen ist sie an einem kalten Winterabend … und noch besser schmeckt sie am nächsten Tag.

Henriette Faber, Kelowna, British Columbia, Kanada

FÜR 8 BIS 12 PERSONEN

2½ l Wasser
500 g getrocknete grüne Erbsen
2 mittelgroße Lauchstangen
1 Spross Stangensellerie
1–2 Karotten
ca. 4 EL Gemüsebrühepaste
4 Lorbeerblätter
2 festkochende Kartoffeln
Salz
frisch gemahlener Pfeffer

1 Grobfasrige Teile beim Lauch entfernen, Stangen längs halbieren, Hälften in Streifchen schneiden. Grobfasrige Teile des Stangenselleries mit dem Sparschäler abschälen, Stange in Würfelchen schneiden. Karotte und Kartoffeln schälen und in Würfelchen schneiden.

2 Das Wasser in einem großen Topf aufkochen, Erbsen, Lauch, Sellerie, Karotten, Gemüsebrühepaste und Lorbeerblätter zugeben, Suppe bei schwacher Hitze 45 bis 60 Minuten köcheln lassen. Kartoffeln nach halber Garzeit zugeben. Mit Salz und Pfeffer abschmecken.

S P A N I E N

Gazpacho

Im Sommer ist die Gazpacho eines unserer Lieblingsgerichte. Es basiert auf der beliebten spanischen Suppe – eine schöne Art, Freilandgurken, Tomaten, Zwiebel, Knoblauch und Petersilie zu verwenden … und manchmal auch Peperoni, wenn sie schon groß genug sind. Die traditionelle andalusische Gazpacho enthält eigentlich keine Tomaten, da es diese in Spanien ursprünglich nicht gab. Doch als ich diese Suppe 1968 in Sevilla zum ersten Mal probierte, hatte es Tomaten drin, so vermute ich. Ach ja – und der Rand des Glases, in dem die Gazpacho serviert wurde, war mit zwei großen Krevetten und einer Zitronenscheibe garniert. Das war für jemanden wie so viele von uns, die eher Beutelsuppe gewöhnt waren, eine neue Erkenntnis und ein besonderes Geschmackserlebnis!

FÜR 4 PERSONEN

1–2 Weißbrotscheiben
1 kleine Zwiebel, in feinen Ringen
3 Knoblauchzehen, durchgepresst
1 Freilandgurke
1–2 rote Peperoni/Paprikaschoten
500–700 g Tomaten
3 EL Rotwein oder Sherry
½ l Wasser oder Gemüsesaft
1 Zitrone, Saft
½ TL Paprikapulver
3 EL Olivenöl extra vergine
3 EL abgezupfte Petersilie
Salz
frisch gemahlener Pfeffer

1 Das Brot in Wasser einweichen, gut ausdrücken.

2 Gurke schälen, längs halbieren und entkernen, in Stücke schneiden. Peperoni halbieren, Stielansatz, Kerne sowie weiße Rippen entfernen, Schotenhälften zerkleinern. Tomaten schälen und Stielansatz ausstechen, Tomaten vierteln, Kerne entfernen.

3 Alle Zutaten mixen, mit Salz und Pfeffer abschmecken. Vor dem Servieren einige Stunden kühl stellen.

Griechische Käsetaschen

In Athen habe ich diese frittierten Köstlichkeiten beim Straßenverkäufer gekauft. Sie schmeckten herrlich, vor allem, weil wir als vegetarische Camper meistens selbst kochen mussten.

Auch zu Hause essen wir die Käsetaschen inzwischen regelmäßig und fühlen uns jedesmal zurückversetzt in die Straßen Athens.

Jan Lancaster

FÜR 12 TASCHEN

1–2 EL flüssige Butter oder Margarine
3 Filoteigblätter

Füllung
250 g Feta
100 g Cottage Cheese
100 g Naturjoghurt
2 EL Mehl
1 Ei
1–2 Knoblauchzehen, fein gewürfelt
½ TL geriebene Muskatnuss
1 EL gehackte Petersilie
Salz
Pfeffer

Frittieröl

Schnittlauch, fein geschnitten

1 Für die Füllung Feta mit der Gabel fein zerstoßen, übrige Zutaten unterrühren, mit Salz und Pfeffer abschmecken.

2 Jedes Filoteigblatt auf der Arbeitsfläche flachlegen, in 4 gleich große Vierecke schneiden, mit flüssiger Butter bepinseln. Die Füllung in die Mitte geben, Teig rundum über die Füllung legen, dann zu einem Rechteck zusammenklappen, Ränder andrücken.

3 Die Käsetaschen im Frittieröl portionsweise frittieren. Auf ein mit Backpapier belegtes Blech legen, im Ofen warm stellen. Vor dem Servieren mit Schnittlauch garnieren.

Harira – scharfe Bohnensuppe

Als ich in Marrakesch war, nahm ich an einem Abend an einem Festmahl, einem Diffa, teil, das aus vielen Gängen bestand. Es gab verschiedene Fleischgerichte, also fragte ich, ob ich auch einfach nur die Gänge ohne Fleisch haben könnte. Die Kellner waren sehr froh darüber, und ich musste nur ganz wenig bezahlen, vermutlich weil die Fleischgerichte das Teuerste an der Mahlzeit waren. Die hier rezeptierte Bohnensuppe wird oft mit Lammfleisch zubereitet. Manchmal reichere ich die Suppe mit Erbsen oder anderem Gemüse an, je nach dem, was vorrätig ist.

FÜR 6 PERSONEN

3 EL Olivenöl extra vergine
1 kleine Zwiebel, fein gewürfelt
400 g gekochte Kichererbsen, Seite 80
400 g gekochte Kidney- oder Borlottibohnen, Seite 76
1 Dose (400 g) Pelati, entstielt, zerkleinert
½ TL Safranfäden
½ TL Zimtpulver
¼ grüne Chilischote, entkernt, in Streifchen, oder
¼ TL Chilipulver
2 EL gehackte Petersilie
2 EL fein geschnittener Koriander
1 Zitrone, Saft
2 l Gemüsebrühe
100 g Rundkornreis
Salz
frisch gemahlener Pfeffer

glattblättrige Petersilie für die Garnitur

In einem großen Topf die Zwiebeln im Olivenöl andünsten, abgetropfte Kichererbsen, Kidneybohnen, Pelati mit Saft, Gewürze, Kräuter und Zitronensaft zugeben, aufkochen, 5 Minuten köcheln lassen. Gemüsebrühe und Reis zugeben, köcheln lassen, bis der Reis sehr weich ist. Mit Salz und Pfeffer würzen. Anrichten. Mit Petersilie garnieren.

Nahrhafte Wirzsuppe

Die Wirzsuppe koche ich während der Wintermonate wöchentlich. Eine schnelle, köstliche und günstige Mahlzeit, wenn ich nach Hause komme, nachdem ich Harley und Copper versorgt habe (meine beiden Pferde, die hervorragenden Dünger für etliche Gärten in der Nachbarschaft liefern!).

Ich glaubte, die Suppe würde Erinnerungen an Diäten heraufbeschwören … und der widerliche Kohlgeruch – aber dieses Rezept ist herrlich! Köstlich und sämig.

FÜR 4 PERSONEN

2 EL Olivenöl extra vergine
1 kleine Zwiebel, in Scheiben
3 Knoblauchzehen, fein gewürfelt
500 g mehligkochende Kartoffeln
1 l Gemüsebrühe
1 EL gehackte Petersilie
1 Wirz
400 g gekochte kleine weiße Bohnen (Cannellini), Seite 74, oder Zuckermais
Salz
frisch gemahlener Pfeffer

1 Hüllblätter beim Wirz entfernen, Kopf halbieren, Strunk herausschneiden, Hälften in breite Streifen schneiden. Kartoffeln schälen und würfeln.

2 Zwiebeln im Olivenöl andünsten, Knoblauch kurz mitdünsten. Kartoffeln, Gemüsebrühe und Petersilie zugeben, 10 Minuten köcheln lassen. Wirzstreifen zufügen, Suppe bei schwacher Hitze 20 Minuten köcheln lassen.

3 Wirzsuppe fein pürieren. Nochmals aufkochen, weiße Böhnchen zugeben, je nach Konsistenz mit Wasser oder Gemüsebrühe verdünnen. Mit Salz und Pfeffer abschmecken.

Tipp Mit knusprigem Brot und einem würzigen Käse servieren.

Hummus … mit roter Peperoni

Es gibt zahlreiche Möglichkeiten, wie man Hummus zubereiten kann, mit ganz unterschiedlichen Aromen. Experimentieren ist erlaubt.

FÜR 4 PERSONEN

2 EL Olivenöl extra vergine
1 rote Peperoni / Paprikaschote
400 g gekochte Kichererbsen, Seite 80
2–3 Knoblauchzehen
2–3 TL Tahin
1–2 EL Zitronensaft
1–2 EL Naturjoghurt
1 Prise Paprikapulver
Salz
frisch gemahlener Pfeffer

1 Peperoni halbieren, Stielansatz, Kerne und weiße Rippen entfernen, Schotenhälften in Streifen schneiden und im Öl weich dünsten. Ein paar Streifen für die Garnitur beiseite stellen.

2 Alle Zutaten zu einer Paste mixen, mit Salz und Pfeffer abschmecken. Das Hummus anrichten, mit den Peperonistreifen garnieren.

Variante Wer keinen Joghurt verwenden will, gibt etwas mehr Zitronensaft und / oder Öl dazu, um das Hummus geschmeidiger zu machen.

… mit scharfen Gewürzen

Manche mögen es heiß … Chilischoten geben der warmen Milde des Hummus den richtigen Kick. Als wir einmal kein Tahin vorrätig hatten, habe ich stattdessen Sesamkörner verwendet. Ich fand es sehr schmackhaft.

FÜR 4 PERSONEN

400 g gekochte Kichererbsen, Seite 80
2–3 Knoblauchzehen
1 EL Sesamsamen oder 2 TL Tahin
1 Prise Chilipulver
½ TL Paprikapulver
1–2 EL Zitronensaft
2 EL Naturjoghurt
2 EL Olivenöl extra vergine
Salz, frisch gemahlener Pfeffer

gehackte Petersilie, Paprikapulver

1 Alle Zutaten zu einer Paste mixen, mit Salz und Pfeffer abschmecken.

2 Das Hummus in einen Teller füllen. Vor dem Servieren mit der Petersilie und wenig Paprikapulver bestreuen.

Variante Wer keinen Joghurt verwenden will, gibt etwas mehr Zitronensaft und / oder Öl dazu, um das Hummus geschmeidiger zu machen.

… mit Koriander und Limette

Hummus passt zu vielen Gelegenheiten. Diese Variante hat ein besonders delikates Aroma, denn Limette und Koriander harmonieren wunderbar. Manche Leute fügen noch etwas Chilipulver hinzu, dann wird das Hummus schön scharf.

FÜR 4 PERSONEN

400 g gekochte Kichererbsen, Seite 80
2–3 Knoblauchzehen
2–3 TL Tahin
1–2 EL Zitronensaft
1–2 EL Joghurt
1 Limette, Schale und Saft
1 EL gehackter Koriander
2 EL Olivenöl extra vergine
Salz, frisch gemahlener Pfeffer

gehackter Koriander

1 Alle Zutaten zu einer Paste mixen, mit Salz und Pfeffer abschmecken.

2 Das Hummus in einen Teller füllen. Vor dem Servieren mit dem Koriander bestreuen.

Variante Wer keinen Joghurt verwenden will, gibt etwas mehr Zitronensaft und / oder Öl dazu, um das Hummus geschmeidiger zu machen.

Marokkanische Oliven

Oliven am besten über Nacht oder zumindest einige Stunden in der Marinade ziehen lassen. Das Glas öfters schütteln, damit sich die Aromen besser entfalten können.

FÜR 4–6 PERSONEN

250 g grüne Oliven
1 EL Olivenöl extra vergine
1 TL Kreuzkümmelsamen
1 TL Fenchelsamen
1 TL Koriandersamen
½ TL Kardamompulver
1 Msp Chilipulver
½ TL gegeriebene Muskatnuss
1 Msp Zimtpulver
3–4 Knoblauchzehen, fein gewürfelt
1 unbehandelte Zitrone, Zesten (Schale mit dem Sparschäler dünn abschälen und in Streifchen schneiden) und 1 EL Saft
1 EL Orangensaft

1 Olivenöl erhitzen, Gewürze bei nicht zu großer Hitze rösten, bis sie fein duften.

2 Gewürze mit Knoblauch, Zitronen- und Orangensaft sowie Zitronenzesten in einer Schüssel mischen, Oliven zugeben, gut mischen.

3 Oliven mit Marinade in ein Glas mit Schraubverschluss füllen. Im Kühlschrank marinieren.

Orzotto – sämiger Gerstotto

Rollgerste in sämiger Sauce ist typisch für die ländliche Gegend, in der ich lebe, das Friaul, eine Region nicht weit von Venedig entfernt. Es ist einfach und aus gesundheitlicher Sicht sehr ausgewogen.

Adriana De Zorzi, Udine, Italien

FÜR 4 PERSONEN

2 EL Olivenöl extra vergine
1 kleine Zwiebel, fein gewürfelt
1 Knoblauchzehe, fein gewürfelt
1 Spross Stangensellerie, fein gewürfelt
1 Karotte, geschält, fein gewürfelt
200 g Rollgerste
1 l Gemüsebrühe
250 g grüne Erbsen
1 EL Butter
4 EL geriebener Parmesan
Olivenöl extra vergine
frisch gemahlener Pfeffer

1 Rollgerste am Vorabend in reichlich Wasser einweichen.

2 Zwiebeln im Olivenöl andünsten, Knoblauch, Stangensellerie und Karotten mitdünsten, Rollgerste und Gemüsebrühe zugeben, aufkochen, den Eintopf zugedeckt köcheln lassen, bis die Rollgerste weich ist. Grüne Erbsen unterrühren, kurz köcheln lassen.

3 Gerstotto vor dem Servieren mit Butter, Parmesan und Olivenöl verfeinern, mit Pfeffer abschmecken.

Palte rellena – Gefüllte Avocado

Peruanische Gerichte faszinieren mich. In Peru, wo man vegetarische Ernährung fast nicht kennt, habe ich mit vielen Vegetariern gearbeitet. Sogenannte «vegetarische Gerichte» enthalten dort ab und zu auch mal Huhn oder Fisch.

Abby Shuler

FÜR 8 PERSONEN

4 reife Avocados

150 g Karotten
300 g festkochende Kartoffeln
300 g grüne Erbsen
Mayonnaise
Salz
frisch gemahlener Pfeffer

Salatblätter
4 hart gekochte Eier
glattblättrige Petersilie

1 Karotten und Kartoffeln schälen, in Würfelchen schneiden, im Dampf weich kochen, Erbsen kurz mitkochen.

2 Gemüse-Kartoffel-Mix mit der Mayonnaise mischen, abschmecken.

3 Avocados halbieren, Fruchtstein entfernen. Avocadohälften auf Salatblätter legen. Mit Gemüsesalat füllen, mit Eiervierteln und Petersilie garnieren.

Pastinaken-Apfel-Suppe

Eine wunderbare Suppe! Die Äpfel geben ihr eine leichte Säure und bilden einen angenehmen Kontrast zur erdigen Pastinake.

FÜR 4 PERSONEN

1–2 EL Öl
1 kleine Zwiebel, fein gewürfelt
2 Pastinaken
1–2 Äpfel
1 EL Fenchel, klein gewürfelt, oder wenig Fenchelgrün, fein gehackt
1 mehligkochende Kartoffel
3½ dl/350 ml Gemüsebrühe
3½ dl/350 ml Milch oder Wasser
Salz
frisch gemahlener Pfeffer

Fenchelgrün für die Garnitur

1 Pastinaken und Kartoffel schälen, in kleine Würfel schneiden. Äpfel schälen, vierteln, entkernen, zerkleinern.

2 Zwiebeln im Öl dünsten, Pastinaken, Äpfel sowie Fenchel mitdünsten, Kartoffeln und Gemüsebrühe zugeben, aufkochen, Suppe köcheln lassen, bis das Gemüse weich ist. Pürieren.

3 Suppe und Milch aufkochen, einige Minuten köcheln lassen, mit Salz und Pfeffer abschmecken. Anrichten. Mit Fenchelgrün dekorieren.

Ribollita – toskanische Gemüsesuppe

Ribollita ist ein sättigender, herzhafter Suppeneintopf. Das Wort bedeutet «aufgewärmt». Die Suppe wird sogar noch besser, wenn Sie sie vor dem erneuten Erhitzen einige Stunden stehen lassen. Das erste Mal aß ich sie in Florenz, als ich auf einem wackeligen Stuhl am Stand eines Händlers saß. Es war das, was Marktleute und Arbeiter aßen: eine gute, sättigende Suppe, die meist aus Resten zubereitet wird. Als ich vor einigen Jahren wieder nach Florenz kam, wurde sie mittags in vielen Restaurants der mittleren Preisklasse serviert.

FÜR 6 PERSONEN

3 EL Olivenöl extra vergine
1 mittelgroße Zwiebel, in feinen Scheiben
3 Knoblauchzehen, in feinen Scheiben
300 g Karotten
1–2 Spross Stangensellerie
1 mittelgroßer Lauch, in dünnen Scheiben
2–3 Zucchini, in Scheiben
400 g festkochende Kartoffeln
400 g gekochte Borlottibohnen, Seite 92
1 Dose (400 g) Tomaten
3 EL Tomatenmark
ca. 2 l Gemüsebrühe oder Wasser
200 g Spinat
Salz
frisch gemahlener Pfeffer
2–4 Scheiben altbackenes Brot oder 1 Ciabatta

2 EL gehackte Petersilie
geriebener Parmesan

1 Karotten schälen und in Scheiben schneiden. Kartoffeln schälen und in dicke Stäbchen schneiden. Grobfasrige Teile beim Stangensellerie abschälen, Stängel in Scheiben schneiden. Grobfasrige Teile beim Lauch entfernen, Stange in Scheiben schneiden. Stielansatz bei den Pelati entfernen, mit einer Gabel zerdrücken.

2 Zwiebeln in einem großen Topf im Olivenöl andünsten, Knoblauch, Karotten, Sellerie, Lauch und Zucchini mitdünsten. Kartoffeln, Borlottibohnen, Tomaten, Tomatenmark und Gemüsebrühe zugeben, aufkochen, Ribollita bei schwacher Hitze köcheln lassen, bis Kartoffeln und Karotten weich sind. Spinat zugeben, köcheln lassen, bis er zusammengefallen ist. Mit Salz und Pfeffer abschmecken.

3 Brot zerkleinern, unter die Suppe rühren, damit es Flüssigkeit aufnehmen kann. Eventuell mehr Brühe zugeben. Wenn man nun die Suppe 2 Stunden oder länger stehen lässt, können sich die Aromen optimal entfalten.

4 Ribollita langsam erhitzen. Vor dem Servieren Petersilie und Parmesan darüberstreuen.

Skordalia me karydia – Nussdip

Eigentlich kann ich ein Gericht ganz gut nachkochen, wenn ich es einmal gegessen habe. Aber einmal verbrachte ich Stunden mit einem griechischen Kellner in einer kleinen Taverne, um herauszubekommen, was in dem Dip war, den ich gerade gegessen hatte, denn er zeigte die ganze Zeit auf die Bäume und hielt mir Kiefernzapfen hin. Nachdem uns die griechischen Verwandten von Denise aufgeklärt hatten, wurde uns klar, dass er versucht hatte, Baumnüsse zu beschreiben. Ich war überzeugt, dass es kein vegetarisches / veganes Gericht war und dass ich womöglich Jungvögel verspeist hatte, die in den Bäumen neben den Kiefernzapfen ihr Nest hatten … Brot, Nüsse und Essig geben dem Gericht in der Tat einen sehr speziellen Geschmack.

Michael York und Denise Salambasis, Oxford, England

FÜR 4 BIS 6 PERSONEN

150 g altbackenes Brot, einige Minuten in Wasser eingeweicht und dann ausgedrückt
2–8 Knoblauchzehen, durchgepresst
3 dl / 300 ml Olivenöl extra vergine
150 g Baumnuss- / Walnusskerne, gehackt
¾ dl / 75 ml Weißweinessig
Salz

Knoblauch zum Brot pressen und unterrühren. Nach und nach das Ölivenöl unterrühren, dann Baumnüsse und Essig beifügen. Wenn der Dip zu dick ist, mit wenig warmem Wasser verdünnen.

Konsistenz Für eine feinere Konsistenz den Dip mixen / pürieren.

Verwendung Passt gut zu gebratenen Zucchini und Auberginen.

Tahin-Dip

Dieser griechische Dip ist in unserer Familie sehr beliebt.
Michael York und Denise Salambasis, Oxford, England

FÜR 4 PERSONEN

1 Zitrone, Saft
2 Knoblauchzehen, durchgepresst
3 EL fein gehackte Petersilie
100 g Tahin, Salz

Alle Zutaten verrühren.

Verwendung Passt zu Toast, einfachem Salat, Karottenstäbchen, Chips usw.

Zwiebelsuppe à la française

Die Suppe wird traditionell mit Hühnerbrühe zubereitet. Doch mit Gemüsebrühe und etwas Hefeextrakt wird sie ebenso fein. Etwas gehaltvoller wird sie, wenn man sie mit geriebenem Käse überbackt. Nach dem Zubereiten ein wenig stehen lassen und später nochmals erhitzen, damit sich die Aromen optimal entfalten können.

FÜR 4 PERSONEN

2 EL Olivenöl extra vergine
2 mittelgroße Zwiebeln, in feinen Ringen
2 Knoblauchzehen
1–1½ TL Hefeextrakt
1 l Gemüsebrühe
2½ dl/250 ml Rotwein
½–1 TL Zucker nach Belieben
frisch gemahlener Pfeffer

glattblättrige Petersilie für die Garnitur

Zwiebeln bei mittlerer Hitze im Olivenöl glasig dünsten, Knoblauch dazupressen, mit ein wenig Brühe ablöschen, 5 Minuten köcheln lassen. Übrige Brühe zugeben, mit dem Hefeextrakt nachwürzen. Rotwein und nach Belieben Zucker zufügen, mit Pfeffer würzen, Zwiebelsuppe zugedeckt 1 Stunde köcheln lassen. Abschmecken. Anrichten. Mit Petersilie garnieren.

Tortilla – Spanische Omelette

Als ich in den 1960-er Jahren in Madrid studierte, war die spanische Omelette für mich ein großartiger Snack. Das blieb sie auch in den folgenden Jahren, als ich in Madrid berufstätig war. Ich verliebte mich in das Land und unterrichte noch immer Spanisch. Und natürlich liebe ich das Essen: Die spanische Omelette war eine meiner ersten und einfachsten Gerichte, das ich zubereitete. Sie besteht nur aus Eiern, Kartoffeln und Zwiebeln, wird mit Salz und Pfeffer gewürzt und im Öl gebraten.

David Wells-Cole, Leatherhead, Surrey, England

FÜR 4 PERSONEN

Olivenöl extra vergine
1 große Zwiebel, in feinen Scheiben
500 g festkochende Kartoffeln
4 Eier, verquirlt
Salz
frisch gemahlener Pfeffer

1 Kartoffeln in der Schale im Dampf weichkochen. Abkühlen lassen, schälen und in Scheiben schneiden.

2 Ein wenig Olivenöl in einer Bratpfanne erhitzen, Zwiebeln zugeben und gelb andünsten, Kartoffelscheiben auf den Pfannenboden verteilen und gleichmäßig erhitzen und mit Salz und Pfeffer würzen. Verquirlte Eier zugeben, den schon festen Rand der Omelette mit einem Spatel anheben, damit das flüssige Ei darunterlaufen und stocken kann. Wenn die Unterseite gebraten ist, einen großen Teller auf die Pfanne legen. Pfanne vorsichtig wenden und die Omelette auf den Teller stürzen. Omelette in die Pfanne gleiten lassen, fertig braten. Omelette in beliebige Stücke schneiden, warm oder kalt servieren.

Falafel – Vegi-Burger

FÜR 24 STÜCK

400 g gekochte Kichererbsen, Seite 80
2–4 Knoblauchzehen
1 mittelgroße Zwiebel, grob gehackt
1 grüne Peperoni / Paprikaschote
1 TL Koriandersamen
2 EL gehacktes Korianderkraut
½ Zitrone, Saft
1 Scheibe Brot
2 EL Mehl
1 TL Sesamsamen
1 TL Backpulver
Salz
frisch gemahlener Pfeffer

Sesamsamen
Olivenöl extra vergine

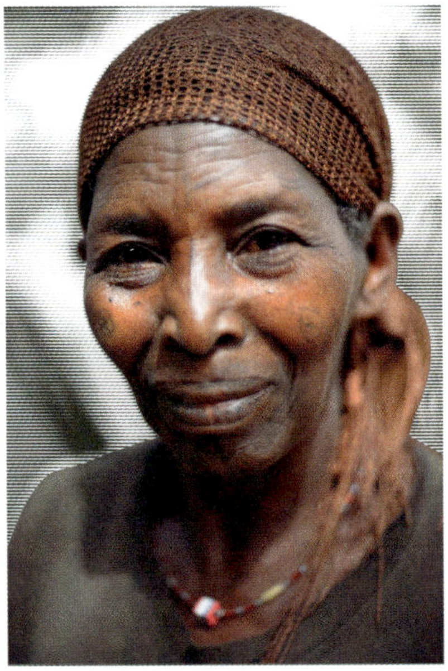

Das einfache Gericht ist ein feiner Imbiss oder eine Vorspeise.

1 Peperoni halbieren, Stielansatz, Kerne sowie weiße Rippen entfernen, Schotenhälften zerkleinern.

2 Kichererbsen, Knoblauch, Zwiebeln, Peperoni, Koriandersamen und Korianderkraut fein mixen.

3 Brot mit Zitronensaft beträufeln, dann mit einer Gabel zerpflücken, unter die Kichererbsenmasse rühren. Mehl und Sesamsamen unterrühren. 10 Minuten stehen lassen. Backpulver unterrühren, mit Salz und Pfeffer abschmecken.

4 Kichererbsenmasse am besten mit dem Eisportionierer portionieren, Kugeln in den Sesamsamen zu Burgern flachdrücken.

5 Eine Bratpfanne aufheizen, Falafel in wenig Olivenöl bei mäßiger Hitze beidseitig 2 bis 3 Minuten braten.

Tipp Mit Salat und Joghurt servieren.

Tom ka-gai – Thaisuppe

Die Thaisuppe duftet gut und ist nicht so schweißtreibend scharf wie die bekannte Tom-Yam-Suppe. Sie wird traditionell mit Hühnerfleisch zubereitet, aber ich finde, dass sie mit Pilzen ebenso gut schmeckt. Champignons oder Austernpilze eignen sich gut, Shiitake und andere fernöstliche Pilze machen Tom ka-gai sehr authentisch. Wenn man die Chilischote ganz lässt, ist sie nicht mehr so scharf, sie gibt aber der Suppe gleichwohl den gewünschten Geschmack. Galanga, auch Laos-Pulver genannt, ist eine essbare Wurzel, die an Ingwer erinnert. Sie schmeckt nach Zitrone und Pfeffer und ist sehr erdig. Es gibt sie vor allem in Asia-Shops. Es darf auch frischer Ingwer sein.

FÜR 4 PERSONEN

1 EL Öl
2 Schalotten, fein gewürfelt
150 g Pilze, in feinen Streifen
1 Zitronengrasstängel, nur das Herz
1 Limette, abgeriebene Schale und Saft
3–4 Kaffirlimettenblätter
2½ cm Galanga oder Ingwer, geschält, fein gewürfelt
1 rote Chilischote, entkernt, fein gewürfelt
4 dl/400 ml Kokosnussmilch
2½ dl/250 ml Wasser
Salz

Korianderkraut
1 Limette, feine Schalenstreifen

1 Schalotten und Pilze im Öl andünsten, Zitronengrasherz, Limettenschalen, Kaffirlimettenblätter, Galanga und Chili beigeben und unter Rühren dünsten, bis das Ganze intensiv duftet. Kokosnussmilch und Wasser zugeben, aufkochen, Suppe bei mäßiger Hitze etwa 10 Minuten köcheln lassen. Limettensaft zugeben, Suppe weitere 10 Minuten köcheln lassen. Mit Salz würzen.

2 Thai-Suppe anrichten, mit Koriandergrün und Limettenschale garnieren.

Chilischote Es gibt viele Chiliarten. Meist ist damit der kleine «Vogelaugen»-Chili gemeint

Türkische Linsensuppe

Diese Suppe aß ich zum ersten Mal im Haus von Freunden, die ziemlich oft in die Türkei fahren. Sie schmeckt einfach köstlich und ist dazu noch sehr sättigend. Außerdem sind die Zutaten günstig, und sie ist einfach zuzubereiten. Kreuzkümmel und Chilipulver machen die Suppe noch würziger.

Kamar Goddard, England

FÜR 4 PERSONEN

2 EL Öl
1 große Zwiebel, in feinen Scheiben
3 Knoblauchzehen, fein gewürfelt
300 g rote Linsen
1 EL Tomatenmark
½–1 TL Kreuzkümmelpulver
1–2 Msp Chilipulver
7 dl/700 ml Wasser
1–2 EL Gemüsebrühepaste
Salz
frisch gemahlener Pfeffer

Zwiebeln in einem großen Topf im Öl gelb andünsten. Knoblauch, Linsen, Tomatenmark, Kreuzkümmel und Chili unter Rühren mitdünsten. Wasser und Gemüsebrühepaste zugeben, aufkochen, Suppe köcheln lassen, bis die Linsen weich sind. Abschmecken mit Salz und Pfeffer.

Variante Suppe pürieren.

Umpotulo naMasi – Mais und Maas / Joghurt

Dieses Gericht aß ich stets, wenn ich die Familie meiner Mutter in Umzimkulu (frühere Transkei, heutiges KwaZulu Natal) besuchte. Es wird gerne an heißen Tagen als Mittagessen serviert und ist ziemlich reichhaltig und sättigend, aber köstlich. Im Gemüsegarten in Umzimkulu wuchs im Sommer (November bis Februar) normalerweise Mais, der im April oder Mai geerntet wurde. Zu dieser Jahreszeit aßen wir auch dieses Gericht. Im Winter graste das Vieh die Maispflanzen ab. Viele Haushalte hielten Milchvieh (bis zu 15 Kühe) und machten «Maas» (geronnene Milch, wie Joghurt) selbst. Als kleiner Junge molk ich immer die Kühe – das ist harte Arbeit, und meine Finger taten mir weh danach! Das Gericht ist eine gute Zwischenmahlzeit und ergibt eine reichhaltige Vorspeise.

Luvuyo Wotshela, Fort Beaufort, Südafrika

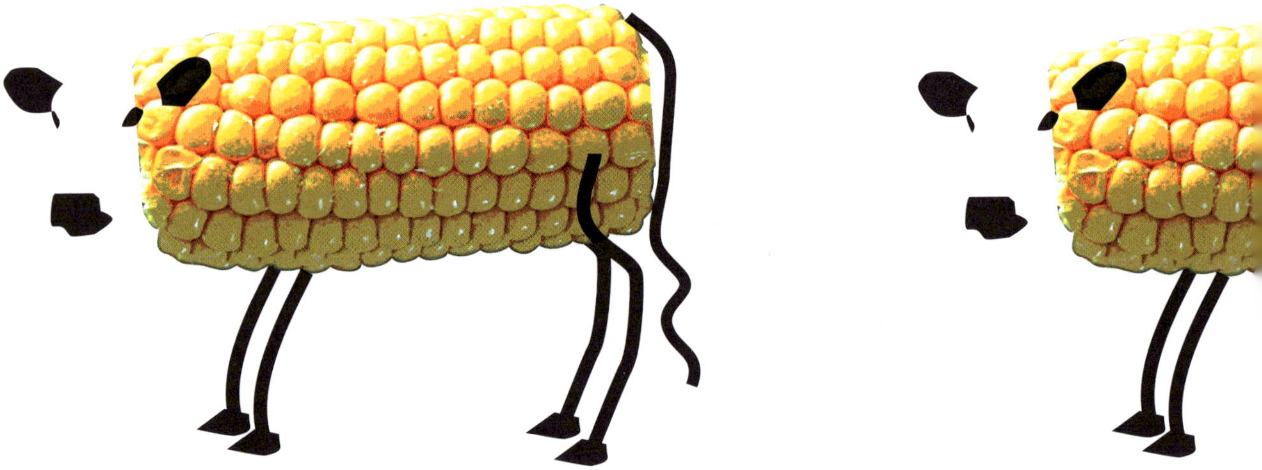

FÜR 1 PERSON

1 Zuckermaiskolben
150 g / 150 ml griechischer Joghurt
etwas Salz

1 Zuckermaiskolben von Hüllblättern und Barthaaren befreien, Kolben im Dampf rund 10 Minuten garen, bis die Maiskörner weich sind.

2 Maiskörner mit einem Messer vom Kolben schneiden, in einer Schüssel leicht zerdrücken. Nach Belieben salzen.

3 Zuckermais auf Schalen verteilen. Eine großzügige Schicht Joghurt darauf geben. Kalt servieren.

HAUPTGERICHTE

Capellini mit karamellisierten Zwiebeln

Capellini oder Engelhaarnudeln sind so fein wie Engelhaar! Den ersten Gang hat ein Freund kreiert, der etwas Ähnliches bei einem griechisch-italienischen Dinner gegessen hatte und es zu Hause nachgekocht hat. Die Zwiebeln sind süß, der Feta ist würzig und die Pasta hält das Ganze geschmacklich zusammen.

Lee Bartell, Provincetown, Massachusetts, USA

FÜR 4 PERSONEN

250 g Capellini oder Vermicelli
250 g Fetawürfelchen
2 EL gehackte Petersilie

4 EL Olivenöl extra vergine
4 mittelgroße Zwiebeln, in feinen Scheiben
2½ dl/250 ml Rotwein
2 EL Balsamico
1 TL Zucker oder Honig

1 Zwiebeln im Olivenöl bei schwacher Hitze unter häufigem Rühren weich dünsten, Rotwein angießen und unter zeitweiligem Rühren während 10 Minuten einkochen lassen. Balsamico und Zucker zufügen, 10 Minuten offen köcheln lassen.

2 Capellini in reichlich Salzwasser al dente kochen, in ein Sieb abgießen, mit den Zwiebeln mischen.

3 Capellini in vorgewärmten Tellern anrichten, Fetawürfelchen und Petersilie darüber verteilen.

Süßkartoffel-Kartoffel-Gratin

Die meisten Süßkartoffelrezepte werden mit Ahornsirup und / oder Rohrohrzucker zubereitet, was für unseren Gaumen zu süß ist. Dieses Rezept, den Erfinder kenne ich nicht, kommt in unserer Familie besonders gut an. Die Süßkartoffel hat eine angenehme Süße. Das Gratin ist gesund und fettarm und sättigt trotzdem. Wir essen es gerne zusammen mit einem Blattsalat.

Henriette Faber, Kelowna, British Columbia, Kanada

FÜR 4 PERSONEN

2 Süßkartoffeln
1 große Zwiebel, in feinen Scheiben
3 festkochende Kartoffeln
2 EL Mehl
2½ dl/250 ml Gemüsebrühe
Salz
frisch gemahlener Pfeffer
2 EL Paniermehl
Olivenöl extra vergine
2 EL geriebener Käse
1 EL gehackte Petersilie

1 Den Backofen auf 180 °C vorheizen.

2 Kartoffeln und Süßkartoffeln nach Belieben schälen, beides in feine Scheiben schneiden.

3 Mehl und Gemüsebrühe glattrühren, mit Salz und Pfeffer abschmecken.

4 Süßkartoffeln Zwiebeln und Kartoffeln abwechselnd in eine eingefettete Gratinform schichten. Gemüsebrühe darübergießen. Paniermehl darüberstreuen. Gratinform mit Alufolie verschließen.

5 Das Gratin in der Mitte in den vorgeheizten Ofen schieben und bei 180 °C etwa 30 Minuten backen, bis die Kartoffeln weich sind. Alufolie entfernen. Gratin mit Olivenöl beträufeln, Käse und Petersilie darüberstreuen, weitere 10 Minuten backen.

Bibimbap – Gemüse und Reis

Die südkoreanische Stadt Jeonju und «Bibimbap», eines der bekanntesten koreanischen Gerichte, gehören irgendwie zusammen. «Bibimbap» bedeutet wörtlich «gemischter Reis» – bibida bedeutet mischen und Pap ist Reis. Die vegetarische Version davon ergibt ein herzhaftes Gericht. Eine Auswahl an Gemüse (Bohnensprossen, Salatblätter, Pilze, Zucchini) wird in einer großen Schüssel entweder mit einem Spiegelei oder einem Rührei serviert, das die Mischung bindet. Den Reis mit dem Gemüse anrichten oder separat servieren. Das Ganze wird gemischt und mit einem Löffel gegessen (der in Korea häufig verwendet wird, anders als in China und in Japan, wo eher mit Stäbchen gegessen wird). Deolseot-bibimbap ist genau dasselbe wie Bibimbap, nur, dass es in einem sehr heißen Topf serviert wird – wodurch sich die Konsistenz des Reises verändert und das Gericht noch köstlicher schmeckt.

Jacob Lotinga, Gwangju, Südkorea

FÜR 4 BIS 6 PERSONEN

1 Salat- oder Freilandgurke
2 EL Weißweinessig
1 TL Rohrohrzucker

450 g Langkornreis

1 EL Öl
1 Ei

2 EL Sesamöl
2 Karotten
1 Zucchino
4 Champignons
400 g kleinblättriger Spinat
100 g Bohnensprossen
1 TL Sesamsamen
Salz

1 TL Sesamsamen
für die Garnitur

1 Salatgurke beidseitig kappen, quer dritteln, Drittel längs in Stäbchen schneiden. Freilandgurke schälen, quer halbieren oder dritteln, Kerne eventuell entfernen, in Stäbchen schneiden. Essig und Rohrohrzucker untermischen.

2 Karotten schälen und in feine Stäbchen schneiden. Zucchino beidseitig kappen, in Stäbchen schneiden. Champignons in Scheiben schneiden.

3 Spinat im Dampf zusammenfallen lassen, unter kaltem Wasser abschrecken. Ausdrücken.

4 Reis im Salzwasser 10 bis 15 Minuten kochen, abgießen, mit kaltem Wasser abschrecken.

5 In einer Bratpfanne das Öl erwärmen, das verquirlte Ei zugeben und stocken lassen. Auf einem Teller beiseite stellen.

6 Karotten in der Rührbratpfanne im Sesamöl weichdünsten, Zucchini und Pilze mitdünsten. Wenn das Gemüse fast gar ist, Spinat und Bohnensprossen zufügen und kurz mitgaren. Sesamsamen und etwas Salz dazugeben und das Gemüse nochmals 1 bis 2 Minuten pfannenrühren. In eine Schüssel umfüllen. Die Omelette in Streifen schneiden, darüber verteilen, restliche Sesamsamen und einen Teil der Gurken als Garnitur verwenden.

Augenbohnen mit Okraschoten

Das ist eines meiner Lieblingsgerichte! Als ich sieben oder acht Jahre alt war, aß ich das erste Mal Augenbohnen mit Gemüse. Ich wuchs in den späten 1950-er Jahren in Mumbai auf und hatte das Glück, im Umfeld verschiedene ethnische Gruppen aus allen Teilen Indiens und aus vielen anderen Ländern zu haben. In dieser multikulturellen Umgebung lernte ich viel über verschiedene Traditionen, Sprachen, Bekleidung und auch über Speisen. Schon als Kind liebte ich das Essen, und so genoss ich die Sitte unter Nachbarn, sich gegenseitig etwas von der täglichen Mahlzeit zum Probieren zu bringen. Unsere Sindhi-Nachbarin, Sheila, wusste, dass wir dieses Gericht besonders liebten, und brachte uns deshalb eine ganze Schüssel voll, wann immer sie es kochte. Natürlich schickte meine Mutter im Gegenzug auch solche Gerichte hinüber, die Sheila oder ihre Familie besonders mochten.

Augenbohnen und Okraschoten oder Bhindi können durch andere Bohnensorten und Gemüse ersetzt werden. Mit Reis oder indischem Fladenbrot servieren. Schmeckt köstlich!

Mridu Thanki

FÜR 4 PERSONEN

300–400 g Augenbohnen
Erdnussöl
2 festkochende Kartoffeln
16–20 Okraschoten
Salz
2 EL gehacktes Korianderkraut

Baghaar-Würzmischung
3 EL Ghee/Butter
½ TL Kreuzkümmelsamen
1 große Zwiebel, fein gewürfelt
1 EL fein gewürfelter Ingwer
2 Knoblauchzehen, fein gewürfelt
1 EL Korianderpulver
½ TL Kurkuma
1 Msp Chilipulver
2 Tomaten, klein gewürfelt

1 Augenbohnen über Nacht in kaltem Wasser einweichen. Das Wasser am nächsten Tag weggießen. Bohnen in einem großen Topf in reichlich frischem Wasser aufkochen und bei mittlerer Hitze weichkochen, etwa 40 Minuten.

2 Kartoffeln schälen und in Würfelchen schneiden, im mäßig heißen Erdnussöl frittieren oder braten.

3 Okraschoten beidseitig kappen, im sehr heißen Erdnussöl braten, bis sie weich sind.

4 Für das Baghaar Ghee in einem Topf erhitzen, Kreuzkümmel zugeben und Farbe annehmen lassen, Zwiebeln, Ingwer und Knoblauch ein paar Minuten mitdünsten, Koriander, Kurkuma und Chilipulver unterrühren, weiterdünsten, Tomaten unterrühren, etwa 5 Minuten köcheln lassen. Augenbohnen unterrühren, 5 bis 7 Minuten köcheln lassen. Frittierte Kartoffeln und Okraschoten zugeben, nach Belieben abschmecken mit Salz. Anrichten. Koriander darüberstreuen.

Bobotie – Bohnen-Linsen-Eintopf

Das traditionelle Rezept enthält Fleisch. Der Name leitet sich höchstwahrscheinlich vom indonesischen Wort «bobotek» ab. Vermutlich kam das Rezept von Niederländisch-Ostindien (heute Indonesien) nach Südafrika. Die Holländer brachten das Hackfleisch in die lokale Küche, die Gewürze stammten von den Sklaven aus Indonesien, und die Art, dieses Gericht zuzubereiten, erinnert an die englische Shepherd's Pie.

FÜR 4 PERSONEN

3–4 Brotscheiben
2½ dl/250 ml Milch
1 Ei
3 EL gehackte Petersilie
200 g Wachtel- oder Augenbohnen
Salz

4 EL Öl
2 mittelgroße Zwiebeln, fein gewürfelt
2 Knoblauchzehen, fein gewürfelt
2 cm Ingwer, gerieben
½ grüner Chili, entkernt, fein gewürfelt
2 TL Garam Masala
1 TL Kreuzkümmelpulver
1 TL Korianderpulver
4 Gewürznelken
8 Pimentkörner
1 Zimtstange
100 g getrocknete Aprikosen, klein gewürfelt
2 EL Sultaninen oder Rosinen
1 Apfel, geschält, geviertelt, entkernt, klein gewürfelt
200 g rote Linsen
½ l Wasser
1 Lorbeerblatt

Guss
1 Ei
2½ dl/250 ml Milch, inklusive Milch vom Brot
1 TL Kurkuma
½ TL Zimtpulver

1 Wachtelbohnen über Nacht in reichlich kaltem Wasser einweichen. Das Wasser am nächsten Tag weggießen. Die Bohnen in einem großen Topf in reichlich frischem Wasser aufkochen, bei mittlerer Hitze kochen lassen, bis sie weich sind. Abgießen.

2 Backofen auf 200 °C vorheizen.

3 Brotscheiben 20 bis 30 Minuten in der Milch einweichen, ausdrücken.

4 Zwiebeln und Knoblauch im nicht zu heißen Öl gelb andünsten, Gewürze bis und mit Zimt ein paar Minuten mitdünsten, Aprikosen, Äpfel, Sultaninen, Linsen, Wasser und Lorbeer zugeben, etwa 20 Minuten köcheln lassen, bis die Linsen weich sind. Lorbeer entfernen. Linsen abkühlen lassen.

5 Eingeweichtes Brot mit einer Gabel zerpflücken, mit Ei und Petersilie unter die Bohnen mischen, zum Linsengemüse geben. Das Ganze von Hand gut durchkneten,

so dass die Bohnen teilweise, aber nicht ganz zerdrückt werden. Es sollte eine feuchte, aber nicht wässrige Masse entstehen. In eine mit Öl eingefettete Gratinform füllen.

6 Für den Guss Ei und Milch vom Brot verquirlen, auf 2½ dl ergänzen, mit Kurkuma, Zimt und etwas Salz würzen. Über den Auflauf gießen.

7 Bobotie in der Mitte in den Ofen schieben, bei 200 °C 40 bis 50 Minuten backen.

Serviervorschlag Dazu «Sambals» reichen, zum Beispiel gewürfelte Salatgurke mit Joghurt (raita), getrocknete Kokosnuss, Chutneys oder Aprikosenkonfitüre, mit Essig beträufelte Tomatenscheiben, garniert mit gehackten Oliven oder Frühlingszwiebeln und gehackter Petersilie, oder Bananenscheiben.

Bostoner Bohnen

Boston wird auch die «Bohnenstadt» genannt. Traditionell werden die langsam gebackenen Bohnen mit Melasse / schwarzem Rübensirup gegessen. Das Gericht stammt wahrscheinlich aus der Kolonialzeit, als Boston für seine Rumherstellung bekannt war und den Alkohol im sogenannten «Dreieckshandel» aus Sklaven, Zucker und Rum verkaufte. Das Zuckerrohr kam von Sklaven-Plantagen auf den Westindischen Inseln und wurde in Boston zu Rum verarbeitet. Der Rum wurde exportiert und mit dem Geld wurden weitere Sklaven gekauft. Das klassische Rezept enthält Schweinefleisch.

FÜR 4 BIS 6 PERSONEN

3–4 EL Öl
1 mittelgroße Zwiebel, in feinen Scheiben
4 Knoblauchzehen, in Scheiben
2 EL Tomatenketchup
1–2 EL Rohrohrzucker
1 TL Senfpulver
1 EL Malzessig
1 EL dunkler Rübensirup/Melasse
400 g weiße Bohnen
3–4 Gewürznelken
2 Lorbeerblätter
2½ cm Ingwer, fein gewürfelt, oder ½ TL gemahlener Ingwer
1 TL Thymian
1 TL Kreuzkümmelpulver
½ TL Chilipulver oder Cayennepfeffer
Salz
frisch gemahlener Pfeffer

1 Weiße Bohnen über Nacht in reichlich kaltem Wasser einweichen. Das Wasser am nächsten Tag weggießen. Bohnen in einem großen Topf in reichlich frischem Wasser aufkochen, bei mittlerer Hitze weichkochen, ½ l Kochwasser entnehmen. Topfinhalt abgießen.

2 Öl in einem großen Topf erhitzen, Zwiebeln darin weichdünsten, Knoblauch bei mäßiger Hitze mitdünsten.

3 Ketchup mit 2 dl / 200 ml Bohnenkochwasser verrühren, Rohrohrzucker, Senf, Malzessig und Rübensirup unterrühren.

4 Bohnen und Ketchup in einen Topf geben, Gewürze unterrühren. Bei schwacher Hitze 15 bis 20 Minuten köcheln lassen. Wenn der Eintopf zu trocken ist, noch mehr Bohnenwasser zugeben. Nach Belieben mit Salz und Pfeffer abschmecken.

Serviervorschlag Mit Reis oder Bratkartoffeln und einem Blattsalat servieren.

Burritos – gefüllte Tortillas

Das ist eine empfehlenswerte vegetarische Version des mexikanischen Gerichtes. Kidneybohnen (rote Bohnen) eignen sich dafür am besten.

FÜR 4 PERSONEN

8 Tortillas

2 EL Öl
1 große Zwiebel, in Scheiben
2 Knoblauchzehen, fein gewürfelt
300 g Kidneybohnen
1 Dose (400 g) Tomaten
1 TL Chilipulver oder
½ TL frischer Chili, entkernt und fein gewürfelt
1 TL Kreuzkümmelpulver
1 TL Oreganopulver
1 EL gehackte Petersilie
Salz
frisch gemahlener Pfeffer

1 Kidneybohnen über Nacht in reichlich kaltem Wasser einweichen. Wasser am nächsten Tag weggießen. Bohnen in einem großen Topf in reichlich frischem Wasser aufkochen, bei mittlerer Hitze kochen lassen, bis sie weich sind. Wenig Kochwasser entnehmen. Bohnen abgießen.

2 Stielansätz bei den Tomaten ausstechen, Tomaten zerkleinern.

3 Zwiebeln in einem großen Topf im Öl andünsten, Knoblauch mitdünsten. Kidneybohnen, Tomaten, Gewürze und Petersilie zugeben, wenig Bohnenwasser zugeben, aufkochen, 10 Minuten bei schwacher Hitze köcheln lassen. Mit Salz und Pfeffer abschmecken.

4 Jeweils ein Achtel der Bohnenmasse mit Salat, Sauerrahm, Guacamole oder anderen Zutaten nach Geschmack auf die Tortillas geben. Darauf achten, dass sie nicht zu fest gefüllt sind! Tortillas einrollen.

Kürbiscurry mit Süßkartoffeln

Der Butternut ist einer der besten Speisekürbisse. Die Früchte haben die Form einer langgezogenen Birne. Das Fruchtfleisch ist orange, fest, süßlich, aromatisch und hat einen nussigen Geschmack. In diesem Rezept geben Kartoffeln und Chili dem Gericht eine besondere Note. Es eignet sich hervorragend für eine große Gästeschar.

Gabriel Tiranti, Brighton, England

FÜR 4 PERSONEN

1 Butternut-Kürbis, ca. 1,5 kg
2 Süßkartoffeln
1 Dose (4 dl/400 ml)
Kokosnussmilch
Salz

2–3 EL Öl
1 mittelgroße Zwiebel, fein gewürfelt
2 Knoblauchzehen
1 Zitronengrasstängel, nur das Herz, fein gehackt
2½ cm Ingwer, fein gewürfelt
¼–½ Chili, entkernt, fein gewürfelt, oder ¼ TL Chilipulver
½ TL Kurkuma
1 Spritzer Sojasauce
1 Limette, Saft

1 Kürbis halbieren und entkernen, die Hälften mit dem Sparschäler schälen, in große Würfel / Stücke schneiden. Süßkartoffeln schälen und klein würfeln.

2 Öl mit Zwiebeln, Knoblauch, Zitronengras, Ingwer, Chili, Kurkuma, Sojasauce und Limettensaft zu einer Paste mixen.

3 Gewürzpaste in einem großen Topf unter Rühren erhitzen und einige Minuten dünsten, Kürbis und Süßkartoffeln zugeben, in der Paste wenden / andünsten. Kokosnussmilch zugeben. Kürbis bei schwacher Hitze weichköcheln, eventuell mit wenig Wasser verdünnen, damit die Sauce nicht zu dick wird. Nach Belieben mit Salz abschmecken.

Serviervorschlag Mit Reis oder Naan (indischem Fladenbrot) servieren.

Couscous

Das klassische marokkanische Gericht wird in einem Topf gekocht. Ideal für die Zubereitung ist eine Couscoussière mit einem Aufsatz mit kleinen Löchern. So kann das Couscous über dem Gemüse garen und dessen Aroma aufnehmen. Man kann aber das Couscous genau so gut getrennt kochen. Beim Gemüse kann variiert werden.

FÜR 6 BIS 8 PERSONEN

2–3 EL Öl
2 kleine Zwiebeln, fein gewürfelt
2 Karotten
1–2 Auberginen
2 Zucchini
4 Knoblauchzehen, fein gewürfelt
2½ cm Ingwerwurzel, gerieben
1 Zimtstange
1 TL Kreuzkümmelpulver
1 TL Korianderpulver
7 dl/700 ml Gemüsebrühe
200 g Kichererbsen
4 Tomaten, geschält, in Scheiben
2 EL Tomatenmark
1 grüner Chili, entkernt und fein gewürfelt, oder
½ TL Chilipulver
1 Msp Safranfäden, 10 Minuten in warmem Wasser eingeweicht
2 EL gehacktes Korianderkraut
Salz

450 g Couscous, 10 Minuten in 4½ dl/450 ml Wasser eingeweicht
2 EL trocken geröstete Mandelblättchen
1 Frühlingszwiebel, fein gewürfelt

1 Kichererbsen über Nacht im Wasser einweichen. Das Einweichwasser weggießen. Kichererbsen in viel frischem Wasser in einem großen Kochtopf weichgaren, etwa 40 Minuten. Abgießen.

2 Karotten schälen und in feine Scheiben schneiden. Auberginen und Zucchini beidseitig kappen und in Würfel schneiden.

3 Zwiebeln im Öl andünsten, Karotten mitdünsten, Auberginen und Zucchini ebenfalls kurz mitdünsten, Gewürze bis und mit Koriander unterrühren, einige Minuten weiterdünsten. Nach und nach Gemüsebrühe zugeben, Gemüse weichgaren.
Wer über eine Couscoussière verfügt, füllt das Couscous in den Aufsatz und gart es über dem Gemüse. Ansonsten Couscous gemäß Packungsbeschrieb weichkochen. Kichererbsen, Tomaten, Tomatenmark, Chili, Safran und die Hälfte des Korianders zum Gemüse geben und abschmecken mit Salz, Gemüse knackig garen.

4 Mandelblättchen und Zwiebeln unter das Couscous rühren, auf vorgewärmte Teller verteilen, Gemüse darauf anrichten, mit restlichem Koriander garnieren.

Bohnen-Kürbis-Pfanne

Die Augenbohnen stammen ursprünglich aus Afrika. Sie sind reich an hochwertigem pflanzlichem Eiweiß, Vitaminen und Mineralstoffen. Sie wachsen in Südafrika auch im Hochsommer sehr gut, wenn es schwierig ist, andere bekannte exotische Gemüse wie zum Beispiel grüne Bohnen anzubauen. Die Blätter können wie Spinat zubereitet werden.

Mary Kleinenberg, Pietermaritzburg, Südafrika

FÜR 4 PERSONEN

2 EL Öl
2 mittelgroße Zwiebeln, fein gewürfelt
2–3 Knoblauchzehen, in feinen Scheiben
½ TL Zimtpulver
2 TL Curry
1 TL Paprikapulver
½ TL Mixed Spice (Kümmel, Kreuzkümmel, Piment, Koriander, Muskat, Ingwer)
1 Prise Muskatnuss
½ TL Thymianpulver
1 kleiner Butternut-Kürbis, ca. 1 kg
1 rote oder grüne Peperoni/ Paprikaschote
2 mittelgroße Karotten
3 Tomaten
etwas Gemüsebrühe
200 g Augenbohnen
Salz

1 Augenbohnen über Nacht in viel kaltem Wasser einweichen. Das Wasser am nächsten Tag weggießen. Bohnen in reichlich frischem Wasser bei mittlerer Hitze kochen, bis sie weich sind, abgießen.

2 Kürbis halbieren, entkernen, schälen, in Würfelchen schneiden. Peperoni halbieren, Stielansatz, Kerne und weiße Rippen entfernen, Schotenhälften in Streifen schneiden. Tomaten schälen, Stielansatz ausstechen, in Würfel schneiden. Karotten schälen, in Scheiben schneiden.

3 Zwiebeln im Öl weichdünsten, alle Gewürze zugeben und 5 Minuten mitdünsten. Restliche Zutaten bis und mit Tomaten und ein wenig Gemüsebrühe zugeben, bei schwacher Hitze köcheln lassen, bis das Gemüse weich ist. Bohnen die letzten 10 Minuten mitkochen. Mit Salz abschmecken.

Vitamine ...

Gemüsecurry

Ich bin in Zentralindien groß geworden, und da war dieses eher westliche Gericht eine willkommene Abwechslung zu den sonst sehr stark gewürzten heimischen Speisen. Meine Mutter bereitete das gemischte Gemüse an einer cremigen weißen Sauce zu. Meine Schwester Zarina, eine wunderbar kreative Köchin, hat ihre eigene Variante, womit sie mich neulich verwöhnt hat. Das folgende Rezept ist so, wie ich es im Gedächtnis habe. Vielleicht weicht es vom «Original» ein wenig ab.

Doch das macht nichts, denn das ist der Geist der indischen Küche – man kann die Rezepte immer wieder verändern. Jede Familie hat ihre eigene Version für bekannte Gerichte. Ich nehme Sambar Masala, man kann aber auch einen anderen indischen Curry verwenden. Wer Garam Masala verwendet, sollte auf den Pfeffer verzichten.

Dinyar Godrej, Rotterdam, Holland

FÜR 3 BIS 4 PERSONEN

1–2 EL Ghee/Bratbutter
1 kleine Zwiebel, fein gewürfelt
2 Knoblauchzehen, in feinen Scheiben
½–1 grüner Chili, entkernt, in feinen Streifen
½ TL Senfsamen
1 TL Kreuzkümmelsamen
1 Tomate
2 Karotten
150 g grüne Bohnen
½ TL Kurkuma
1 TL Korianderpulver
frisch gemahlener schwarzer Pfeffer
¼ TL Sambar Masala
1 EL Mehl
150 g Champignons, in Scheiben
1 rote Peperoni/Paprikaschote
1 dl/100 ml Rahm/Sahne
100 g grüne Erbsen
Salz

Zitronenspalten

1 Tomate schälen, den Stielansatz ausstechen, Tomate in Würfelchen schneiden. Karotten schälen und in mundgerechte Stäbchen schneiden. Bei den Bohnen den Stielansatz abschneiden, je nach Größe längs und quer halbieren. Peperoni halbieren, Stielansatz, Kerne und weiße Rippen entfernen, Schotenhälften in Quadrate schneiden.

2 Ghee in einer Bratpfanne erhitzen, Zwiebeln, Knoblauch, Chili, Senfsamen und Kreuzkümmel zugeben, unter Rühren dünsten, bis Zwiebeln und Knoblauch weich sind, Tomaten kurz mitdünsten, Karotten und Bohnen zugeben, bei schwacher Hitze 3 bis 4 Minuten köcheln lassen. Restliche Gewürze zugeben, unter Rühren weiterdünsten, bis die Gewürze fein duften, mit Mehl bestäuben. Champignons und Peperoni unterrühren, 2 Minuten dünsten. Rahm unterrühren. Eintopf köcheln lassen, bis das Gemüse gar ist. Grüne Erbsen kurz mitgaren. Falls die Sauce zu dick ist, etwas mehr Rahm zugeben.

Tipp Am Tisch wird der Eintopf für eine leicht säuerliche Note individuell mit Zitronensaft beträufelt.

Dal bhat – Linsencurry

Das nepalesische Dal-Rezept kann mit gelben oder roten Linsen zubereitet werden.

Abby Shuler

FÜR 4 PERSONEN

2 EL Öl
1 kleine Zwiebel, fein gewürfelt
3 getrocknete rote Chilis
200 g gelbe oder rote Linsen
7 dl/700 ml Gemüsebrühe oder Wasser
2 TL Kurkuma
2½ cm Ingwer, fein gewürfelt
2–4 Knoblauchzehen, fein gewürfelt
Salz

Zwiebeln im Öl andünsten, Chilis mitdünsten und Farbe annehmen lassen. Linsen, Gemüsebrühe und Kurkuma zugeben, aufkochen, köcheln lassen, bis die Linsen eindicken. Ingwer und Knoblauch zufügen, 5 Minuten köcheln lassen.

Empanadas

Das Rezept kommt aus Paraguay. Die Teigtaschen können sehr unterschiedlich gefüllt sein, unter anderem mit hart gekochten Eiern und Käse. Ein beliebte Füllung sind auch zerdrückte Zuckermaiskörner und zerdrückte Kidneybohnen.

FÜR 4 PERSONEN

500 g Blätter- oder Kuchenteig

2 EL Öl
1 große Zwiebel, in feinen Scheiben
1 grüne Peperoni/Paprikaschote
2 Knoblauchzehen, fein gewürfelt
2–3 hart gekochte Eier, gehackt
1 Msp Chilipulver
1 Msp Kreuzkümmelpulver
1 EL gehackte Petersilie
Salz
frisch gemahlener Pfeffer

1 Eigelb zum Bepinseln

1 Den Backofen auf 190 °C vorheizen.

2 Peperoni halbieren, Stielansatz, Kerne und weiße Rippen entfernen, Schotenhälften in kleine Würfel (Brunoise) schneiden.

3 Zwiebeln im Öl weichdünsten, Peperoni und Knoblauch einige Minuten mitdünsten, Eier Gewürze und Kräuter unterrühren, abschmecken.

4 Blätterteig 2 mm dick ausrollen, 8 cm große Rondellen ausstechen. Peperoni-Eier-Mix darauf verteilen, Teigrondellen zusammenklappen, Teigränder mit der Gabel festdrücken. Teigtaschen auf ein Blech legen. Eigelb mit wenig Wasser verdünnen, Empanadas damit einpinseln.

5 Empanadas auf mittlerer Schiene in den Ofen schieben, bei 190 °C 10 bis 20 Minuten backen.

Rote Linsen

Speisen ohne Fleisch werden in Äthiopien häufig gegessen, denn es gibt viele Fastentage. Die Menschen verwenden oft Berbere, eine scharfe, würzige Paste, die man in Gewürzläden kaufen kann. In diesem Rezept wird eine Mischung aus Chilipulver und Ingwer verwendet.

FÜR 4 PERSONEN

250 g rote Linsen
schwache Gemüsebrühe oder Wasser
1 kleine Zwiebel, fein gewürfelt
2 Knoblauchzehen, durchgepresst
1 grüne Peperoni/Paprikaschote
1 EL Tomatenmark
1–2 Msp Chilipulver
½ TL gemahlener Ingwer
Salz

1 Peperoni halbieren, Stielansatz, Kerne und weiße Rippen entfernen, Schotenhälften in Würfelchen (Brunoise) schneiden.

2 Linsen in einen Topf geben und knapp mit Gemüsebrühe bedecken, aufkochen, 5 Minuten köcheln lassen. Restliche Zutaten zugeben, köcheln lassen, bis die Linsen weich sind. Mit Salz abschmecken.

Tipp Mit Chapatis oder Pita-Brot oder Reis sowie mit Joghurt servieren.

Ewa – Bohneneintopf

Ein nigerianisches Gericht wie dieses sollte als Eintopf gekocht werden. Man verwendet eingeweichte Bohnenkerne – doch Sie können ebenso gut Dosenbohnen nehmen, um die Garzeit zu verkürzen. Experimentieren Sie mit verschiedenen Kräutern und Aromen!

FÜR 4 PERSONEN

2 EL Öl
1 große Zwiebel, in feinen Scheiben
4 Tomaten
1 grüne Peperoni/Paprikaschote
2 EL Tomatenmark
½ TL Chilipulver
2½ cm Ingwerwurzel, fein gewürfelt
1 EL gehacktes Korianderkraut
200 g getrocknete Bohnen, z. B. Augenbohnen, weiße Bohnen, Borlottibohnen
1 EL Limettensaft
Salz
frisch gemahlener Pfeffer

1 Bohnen über Nacht im Wasser einweichen. Am nächsten Tag abgießen, in frischem Wasser aufkochen, bei mittlerer Hitze weichgaren. Abgießen.

2 Tomaten schälen, Stielansatz ausstechen, Tomaten in Schnitze schneiden. Peperoni halbieren, Stielansatz, Kerne und weiße Rippen entfernen, Schotenhälften in Würfelchen schneiden.

3 Zwiebeln im Öl andünsten, Tomaten, Peperoni, Tomatenmark, Chili, Ingwer und Koriander zugeben, bei schwacher Hitze 20 Minuten köcheln lassen, Bohnen zugeben, weitere 10 Minuten köcheln. Mit Limettensaft und nach Belieben mit Salz und Pfeffer abschmecken.

Serviervorschlag Mit Reis, Zuckermais oder Brot servieren.

Tagliatelle Alfredo – Pasta mit Cashewsauce

Einmal musste ich für unsere vier stets hungrigen Teenager etwas Schnelles und Nahrhaftes kochen. Da erinnerte ich mich an diese Nudeln. Sie sind schnell zubereitet und sehr fein. Ich habe gleich die doppelte Menge gekocht, damit meine Jungen satt werden.

Henriette Faber, Kelowna, British Columbia, Kanada

FÜR 4 PERSONEN

450 g Tagliatelle
Olivenöl extra vergine

Cashewsauce
100 g Cashewkerne
1 EL Mehl
1 kleine Zwiebel, gewürfelt
1 Knoblauchzehe, in feinen Scheiben
1 TL Oreganopulver
3 dl/300 ml Wasser
1 EL fein geschnittener Basilikum
2 EL geriebener Parmesan

1 EL fein geschnittener Basilikum

1 Cashewkerne, Mehl, Zwiebeln, Knoblauch, Oregano und Wasser zu einer Paste mixen. Unter Rühren langsam zu einer Sauce einköcheln lassen. Basilikum und Parmesan unterrühren, warmhalten.

2 Tagliatelle in viel Salzwasser al dente kochen. Abgießen. Nudeln mit wenig Olivenöl mischen.

3 Tagliatelle in vorgewärmten Tellern anrichten, Cashewsauce daraufgeben und mit Basilikumstreifchen garnieren.

Frijoles refritos – Bohnengratin

Dieser Bohnenauflauf, ein klassisches mexikanisches Gericht, wird oft mit Kidneybohnen zubereitet. Ich mochte ihn sehr gerne, als ich in Mittelamerika unterwegs war, doch er ist nicht jedermanns Sache. Der Auflauf wird oft mit Rührei serviert, was das Ganze sehr nahrhaft macht. Zusammen mit Salat ergibt er eine köstliche Mahlzeit.

FÜR 4 PERSONEN

2 EL Öl
2 mittelgroße Zwiebeln, in Scheiben
400 g gekochte Kidneybohnen, Seite 76
4 Tomaten
1 EL Tomatenmark
1 TL Paprikapulver
2 TL Kreuzkümmelpulver
¼ Chili, entkernt, gehackt oder ½ TL Chilipulver
2 EL gehackte Petersilie
Salz, frisch gemahlener Pfeffer

Käsescheiben
gehackte Petersilie

1 Stielansatz der Tomaten ausstechen, Tomaten in Scheiben schneiden.

2 Backofen auf Grillstufe vorheizen.

3 Zwiebeln im Öl andünsten, Kidneybohnen zugeben und mit einer Gabel zerdrücken. Tomaten, Tomatenmark, Gewürze sowie Petersilie unterrühren, mit Salz und Pfeffer abschmecken.

4 Bohnenmasse in eine eingefettete Gratinform füllen, mit den Käsescheiben belegen.

5 Gratinform in der Mitte in den Ofen schieben, Frijoles refritos auf Grillstufe 5 bis 10 Minuten überbacken. Petersilie vor dem Servieren darüberstreuen.

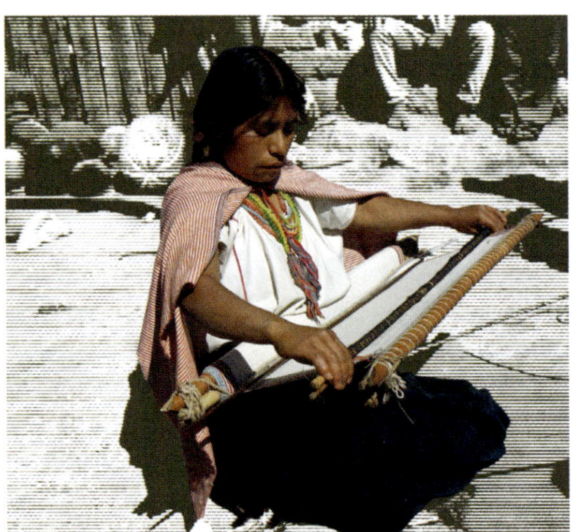

Gado-gado – südostasiatischer Salat

Dieser Salat ist in Indonesien und Malaysia sehr beliebt.

FÜR 2 BIS 3 PERSONEN

100 g Weißkohl
150 g grüne Bohnen
2 festkochende Kartoffeln
2 Karotten
1 Salatgurke
3 hart gekochte Eier, geviertelt

Sauce
100 g ungesalzene geröstete Erdnüsse
2 Schalotten, in feinen Scheiben
4 Knoblauchzehen
2 rote Chilis, entkernt, in Streifchen, oder 1 TL Chilipulver
Erdnussöl
3 EL Sojasauce
1 TL Rohrohrzucker
2–3 EL Zitronen- oder Limettensaft
wenig Wasser
Salz
frisch gemahlener Pfeffer

1 Weißkohl in Streifen schneiden. Den grünen Bohnen den Stielansatz abschneiden, in 2 cm lange Stücke schneiden. Kartoffeln schälen, in Scheiben schneiden. Karotten schälen, in Stäbchen schneiden. Gurke beidseitig kappen, in Scheiben schneiden.

2 Weißkohl, grüne Bohnen, Kartoffeln und Karotten im Dampf knackig garen.

3 Für die Sauce Erdnüsse, Schalotten, Knoblauch und Chilis grob pürieren, eventuell wenig Öl zugeben. Erdnussmasse mit Sojasauce, Rohrohrzucker und Zitronensaft bei schwacher Hitze kurz köcheln, mit Wasser zu einer Sauce verdünnen, mit Salz und Pfeffer abschmecken.

4 Gurken- und Kartoffelscheiben auf Teller legen, Karotten, Bohnen und Kohl locker darauf verteilen. Erdnusssauce darüber verteilen. Mit den Eiern garnieren.

Grüne-Bohnen-Eintopf

Das südafrikanische Gericht enthält meist Fleisch. Es lässt sich problemlos ohne Fleisch zubereiten, wenn man zum Beispiel grüne Bohnen hinzufügt. Normalerweise wird als Beilage Reis serviert.

FÜR 4 PERSONEN

2 EL Öl
2 kleine Zwiebeln, fein gewürfelt
2–4 Knoblauchzehen, fein gewürfelt
2½ cm Ingwerwurzel, fein gewürfelt
¼ Chili, entkernt und fein gewürfelt, oder ½ TL Chilipulver
1 TL Thymianpulver
½ TL Korianderpulver
500 g grüne Bohnen
2 festkochende Kartoffeln
4 Tomaten
Salz
frisch gemahlener Pfeffer

1 Stielansatz der Bohnen abschneiden, Bohnen in 3 bis 4 cm lange Stücke schneiden. Kartoffeln schälen, in Würfel schneiden. Stielansatz der Tomaten ausstechen, Tomaten in Würfel schneiden.

2 Zwiebeln im Öl andünsten, Knoblauch, Ingwer, Chili, Thymian und Koriander mitdünsten, grüne Bohnen, Kartoffeln und Tomaten zugeben, aufkochen, Eintopf bei schwacher Hitze köcheln lassen, bis das Gemüse weich ist, eventuell wenig Wasser zugeben, mit Salz und Pfeffer abschmecken.

Variante Vor dem Servieren gelben Reis unter den Eintopf mischen – dazu kocht man Reis mit etwas Kurkuma oder Safran.

Instant khaman dhokla – Kichererbsenplätzchen

Die Plätzchen werden aus Kichererbsenmehl hergestellt, das mit Joghurt und Gewürzen zu einem dicken Teig verarbeitet wird. Der Teig wird dann gedämpft, mit Senfsamen gewürzt und mit frischem Koriander serviert.

Speziell am Rezept ist, dass es mit Eno fruit salt zubereitet wird, einem in Indien populären Säurebindemittel, das Natron und Zitronensäure enthält. Es ist gut für die Verdauung. Man bekommt es in den meisten Asia-Shops, aber man kann ebenso gut auch etwas Backpulver verwenden. Der Teig sollte so dickflüssig sein, dass er zäh vom Löffel reißt, sich also nicht gießen lässt.

Mari Marcel Thekaekara, Tamil Nadu, Indien

FÜR 4 PERSONEN

150 g Kichererbsenmehl
2 EL Zucker
1 EL Öl
1 EL Limetten- oder Zitronensaft
½–1 grüner Chili, entkernt, in feinen Streifen
ca. 1,2 dl/120 ml Wasser
Salz
1 TL Eno fruit salt oder Backpulver

Sauce
2 EL Öl
1 TL Senfsamen
4–5 Curryblätter, zerstoßen
1 Prise Asafoetida
2 EL heißes Wasser
1 EL Zucker
2 EL Limetten- oder Zitronensaft

1 Backofen auf 180 °C vorheizen.

2 Kichererbsenmehl, Zucker, Öl, Limettensaft und Chili mischen, so viel Wasser unterrühren, dass der Teig dick und zähflüssig ist, mit Salz abschmecken. Eno fruit salt oder Backpulver untermischen. Gratinform so wählen, dass der Kichererbsenteig 2 cm hoch eingefüllt werden kann, Form zuvor mit Öl einfetten. Form mit Alufolie verschließen. Gratinform in ein tiefes Backblech oder in einen Bräter stellen, bis auf halbe Höhe mit Wasser füllen. Das Blech in der Mitte in den Ofen schieben, Kichererbsenmasse bei 180 °C etwa 30 Minuten dämpfen. Stäbchenprobe machen: Das Stäbchen muss sauber bleiben. Bei Zimmertemperatur einige Minuten ruhen lassen.

3 Für die Sauce das Öl erhitzen, Senfsamen, Curryblätter und Prise Asafoetida zugeben. Wenn die Senfsamen platzen, die Pfanne von der Wärmequelle nehmen. Heißes Wasser, Zucker und Limettensaft verrühren, bis sich der Zucker aufgelöst hat.

4 Kichererbsenmasse in Quadrate schneiden, Dhoklas anrichten, Sauce darüberträufeln.

Asafoetida Das sehr aromatische Harz ist in Asia-Shops erhältlich.

Irio – Bohnen mit Zuckermais

Die Mischung aus Bohnen und Mais wird in Teilen Ostafrikas häufig serviert. Das Gericht enthält ein grünes Gemüse namens sukumu wiki (das bedeutet in KiSwahili in etwa «verlängere die Woche»).

FÜR 4 PERSONEN

2 EL Öl
1 große Zwiebel, fein gewürfelt
½ TL Paprikapulver
2 EL gehackte Petersilie
200 g Kidneybohnen
1 Dose (400 g) Zuckermais
4 festkochende Kartoffeln
250 g Spinat
Salz
frisch gemahlener Pfeffer
glattblättrige Petersilie für die Garnitur

1 Bohnen über Nacht in reichlich kaltem Wasser einweichen. Das Wasser am nächsten Tag weggießen. Bohnen in einem großen Topf in reichlich frischem Wasser aufkochen, bei mittlerer Hitze kochen, bis sie weich sind. Bohnen abgießen.

2 Kartoffeln schälen und in Würfel schneiden, im Dampf weichgaren. Spinat 5 Minuten vor Ende der Garzeit auf die Kartoffeln geben und zusammenfallen lassen.

3 Zwiebeln im Öl andünsten, Paprikapulver und Petersilie mitdünsten. Bohnen, Zuckermaiskörner mit etwas Flüssigkeit, Kartoffeln und Spinat zugeben und zugedeckt behutsam erwärmen, mit Salz und Pfeffer abschmecken.

Lasagne

Lasagne haben in meiner Erinnerung einen besonderen Platz. Wir waren bei meiner Cousine Sue, einer Landwirtin in Lincolnshire in England, als sie dieses Gericht zum Abendessen zubereitete. Während sie es servierte, wurde sie zur Geburt eines Kalbes gerufen. Zum Glück ging alles gut.

Wenn Sie die Möglichkeit haben, verwenden Sie grüne Puy-Linsen, die in der Region um Le Puy in Frankreich angebaut werden. Sie bleiben auch gekocht in Form und haben ein gutes Aroma. Zudem hat man das Gefühl, etwas im Mund zu haben – was dem Gericht Substanz gibt.

FÜR 4 BIS 6 PERSONEN

Lasagneblätter, ohne Vorgaren

Béchamelsauce
2 EL Butter
2–3 EL Mehl
ca. ½ l Milch
100 g geriebener Käse, z. B. Parmesan
1 EL gehackte Petersilie
Salz
frisch gemahlener Pfeffer

Tomaten-Linsen-Sauce
200 g grüne Linsen,
am besten Puy-Linsen
2 EL Olivenöl extra vergine
1–2 mittelgroße Zwiebeln, in Scheiben
2–3 Knoblauchzehen, fein gewürfelt
je 1 rote und grüne Peperoni/Paprikaschote
6–10 Champignons, in Scheiben
2 Dosen (je 400 g) Tomaten
2–4 EL Tomatenmark
2 TL getrockneter Oregano
½ TL Paprikapulver
1 Prise Muskatnuss
Salz, frisch gemahlener Pfeffer

1 Grüne Linsen im Wasser weichkochen. Abgießen.

2 Peperoni halbieren, Stielansatz, Kerne und weiße Rippen entfernen, Schotenhälften in 2 cm große Quadrate schneiden. Tomaten mit Saft in eine Schüssel geben, Stielansatz entfernen, Tomaten grob zerkleinern.

3 Zwiebeln und Knoblauch in einem großen Topf im Öl andünsten, Peperoni ein paar Minuten mitdünsten, Linsen, Pilze Tomaten, Tomatenmark und Oregano unterrühren, würzen.

4 Backofen auf 180 °C vorheizen.

5 Für die Béchamelsauce das Mehl in der mäßig warmen Butter andünsten. Den Topf von der Wärmequelle nehmen. Milch in den Topf geben und mit dem Mehl glattrühren. Topf auf die Wärmequelle stellen, Sauce bei mittlerer Hitze unter Rühren aufkochen, etwa 5 Minuten köcheln lassen. Käse unterrühren, würzen.

6 Boden einer rechteckigen Gratinform mit Tomaten-Linsen-Sauce bedecken, mit einer Lage Lasagneblättern fortfahren, ein wenig Béchamelsauce und reichlich Gemüsesauce daraufgeben, weiterfahren mit Lasagneblättern, wieder Béchamel- und Gemüsesauce, abschließen mit Lasagneblättern und reichlich Béchamelsauce.

7 Lasagne in der Mitte in den Ofen schieben und bei 180 °C 30 bis 40 Minuten backen.

Moussaka

Ich glaube, das erste Mal aß ich Moussaka, als ich Anfang der 1970-er Jahre nach Istanbul reiste und gerade einen Kurzurlaub von meiner Arbeit machte. Bis dahin war ich noch nie in Kontakt mit dieser Küche gekommen. Es war in einem kleinen Restaurant. Das Geschmackserlebnis wurde noch größer, als wir auf Drängen des Koches in der Küche alle Speisen degustieren durften. Eine großartige Idee!

Die türkische Schreibweise dieses Gerichts ist «musakka». Das Wort stammt aus dem Arabischen und bedeutet «gekühlt».

FÜR 4 BIS 6 PERSONEN

2–3 EL Olivenöl extra vergine
2 kleine Zwiebeln, fein gewürfelt
200 g Pilze, in Scheiben
2 EL Tomatenmark
1 Dose (400 g) Tomaten
4 Knoblauchzehen, in feinen Scheiben
1 Lorbeerblatt
1 TL getrockneter Oregano
½ TL Zimtpulver oder 1 Zimtstange
Salz
frisch gemahlener Pfeffer

6 festkochende Kartoffeln
2 Auberginen

Béchamelsauce
2 EL Butter
2–3 EL Mehl
½ l Milch
1 EL gehackte Petersilie
Salz
frisch gemahlener Pfeffer

100 g geriebener Käse

1 Kartoffeln in der Schale im Dampf weichkochen, heiß schälen, in 1 cm dicke Scheiben schneiden.

2 Auberginen beidseitig kappen, längs in feine Scheiben schneiden. Tomaten in eine Schüssel geben, Stielansatz entfernen, Tomaten zerkleinern.

3 Zwiebeln im Olivenöl andünsten, Pilze und Tomatenmark 5 Minuten mitdünsten. Tomaten und Gewürze unterrühren, Sauce bei schwacher Hitze 10 Minuten köcheln, abschmecken.

4 Für die Béchamelsauce Mehl in der warmen Butter andünsten. Von der Wärmequelle nehmen. Milch zugeben, mit dem Mehl glattrühren. Topf wieder auf die Wärmequelle stellen, Sauce bei mäßiger Hitze unter Rühren aufkochen, 5 Minuten köcheln lassen. Würzen.

5 Boden der Gratinform mit Tomatensauce bedecken, eine Lage Kartoffeln und Auberginen darauflegen, mit Tomatenauce bedecken, nun nochmals eine Lage Kartoffeln und Auberginen. Abschließen mit der Béchamelsauce. Form mit einer Alufolie verschließen.

6 Moussaka in der Mitte in den Ofen schieben, bei 180 °C 30 Minuten backen. Folie entfernen. Käse darüberstreuen, weitere 5 bis 10 Minuten backen.

Pilzragout

Normalerweise wird dieses Gericht mit gehacktem Rindfleisch zubereitet. Mit Steinpilzen oder beliebigen Pilzen schmeckt es genau so gut.

Gabriel Tiranti, Brighton, England

FÜR 4 PERSONEN

2–3 EL Olivenöl extra vergine
1 mittelgroße Zwiebel, in feinen Scheiben
2 Knoblauchzehen
400 g Steinpilze, in Scheiben
1 TL Paprikapulver
1 Msp Muskatnuss
1,2 dl/120 ml Weißwein
1 EL Balsamico
2 EL gehacktes Korianderkraut
3 EL Joghurt oder Rahm oder Crème fraîche
Salz
frisch gemahlener Pfeffer

Zwiebelscheiben im Olivenöl andünsten, Knoblauchzehen dazupressen, bei hoher Hitze Steinpilze zugeben und unter kräftigem Schütteln andünsten. Paprika und Muskatnuss unterrühren, etwa 5 Minuten dünsten, Wein und Balsamico unterrühren und ein wenig einkochen lassen. Korianderkraut und Joghurt unterrühren, abschmecken mit Salz und Pfeffer.

Tipp Pilzragout auf Kartoffelpüree oder Reis servieren.

Nasi Goreng

Nasi Goreng (gebratener Reis) ist ein in Indonesien und Malaysia beliebtes Gericht – und eines, das ich gerne aß, als ich einige Jahre in Penang lebte. Es besitzt interessante Geschmackskomponenten. Im Fernen Osten enthält dieses Gericht meist getrocknete Krevetten-/Garnelenpaste, die in Malaysia «Blachan», in Indonesien «Terasi» heißt. In diesem Rezept wird sie durch Tofu ersetzt. Es gibt Rezepte, die eine Omelette enthalten.

FÜR 4 BIS 6 PERSONEN

450 g Langkornreis
4½ dl/450 ml Wasser

1 EL Öl
2 Eier

2 EL Öl
3 Schalotten, in feinen Scheiben
2 Frühlingszwiebeln, in feinen Scheiben
1 cm Ingwerwurzel, fein gehackt, oder 1 TL getrockneter Ingwer
1 Karotte, in feinen Scheiben
100 g Weißkohl, in feinen Streifen
1 EL Sultaninen
250 g Tofu, gewürfelt
1 EL Sojasauce
1 TL Sesamöl
2 EL Currypaste oder Chilisauce
Salz
frisch gemahlener Pfeffer

2 EL gehacktes Korianderkraut
½ Salatgurke, in Stäbchen

1 Reis im schwach gesalzenen Wasser aufkochen, auf der ausgeschalteten Wärmequelle etwa 5 Minuten quellen lassen, Topfinhalt in ein Sieb abgießen.

2 Eier verquirlen. Öl in einer Bratpfanne erhitzen, verquirltes Ei zugeben und stocken lassen, wenden und kurz fertigbraten. Omelette einrollen und auskühlen lassen. In Streifen schneiden.

3 Schalotten und Frühlingszwiebeln im Öl andünsten, Ingwer 1 bis 2 Minuten mitdünsten. Karotten, Weißkohl und Sultaninen zugeben, 3 Minuten pfannenrühren. Reis und Tofu unterrühren, mit Sojasauce, Sesamöl, Currypaste, Salz und Pfeffer würzen.

4 Nasi Goreng anrichten, mit Gurkenstäbchen und Omelettestreifen garnieren, mit Koriander bestreuen.

Röstgemüse mit erntefrischem Knoblauch

Ein köstliches Gericht für Veganer. In Kombination mit Couscous bekommt man eine wunderbare Mahlzeit. Geröstete Cashewkerne oder Pinienkerne machen das Gericht eiweißreich. Ich ergänze das Gemüse-Potpourri mit jungem Knoblauch, den ich als ganze Knolle brate; eine absolute Köstlichkeit.

Helen Beinart, Oxford, England

FÜR 4 PERSONEN

1 kg Gemüse; Karotten, Kürbis,
rote Peperoni/Paprikaschoten, Süßkartoffeln, Kartoffeln
2 ganze Knoblauchknollen
Olivenöl extra vergine
je ½ TL Kreuzkümmel- und Korianderpulver
Salz, frisch gemahlener Pfeffer

1 Backofen auf 220 °C vorheizen.

2 Karotten schälen, längs in Stäbchen schneiden. Kürbis schälen und entkernen, in Sicheln schneiden. Peperoni halbieren, Stielansatz, Kerne und weiße Rippen entfernen, Schotenhälften quer in Streifen schneiden. Süßkartoffeln und Kartoffeln mit einer Bürste unter fließendem Wasser gut reinigen, ungeschält in Würfel schneiden. Knoblauch quer halbieren.

3 In einer großen Schüssel aus Olivenöl und Gewürzen eine Marinade rühren, Gemüse ohne Knoblauch zugeben und mischen. 30 Minuten marinieren.

4 Gemüse und Knoblauch auf ein mit Backpapier belegtes Blech verteilen. Im vorgeheizten Ofen bei 220 °C etwa 30 Minuten rösten. Garprobe machen.

Pasta mit Brokkoli, Dörrtomaten und Feta

Die Kombination der Zutaten gibt diesem Gericht einen wunderbaren Geschmack. Es ist sehr einfach und schnell zubereitet. Ich muss noch erwähnen, dass man fast nichts falsch machen kann. Nur der Brokkoli, der sollte nicht zu lange gegart werden. Es ist eines dieser Gerichte, bei denen man sich auf einen schönen, entspannten Abend zu Hause freut und das auch Gäste beeindruckt. Essen Sie es! Genießen Sie es! Und der Abwasch danach hält sich in Grenzen.

Aadhaar O'Gorman, Bunbury, Westaustralien

FÜR 4 BIS 6 PERSONEN

450 g kurze Pasta
1–2 Brokkoli, in Röschen

3 EL Olivenöl extra vergine
1 kleine Zwiebel, fein gewürfelt
150 g sonnengetrocknete Tomaten, eingeweicht, in Streifen geschnitten
½ TL Kreuzkümmelpulver
2 EL Pinienkerne
Salz
frisch gemahlener Pfeffer

150 g Fetawürfelchen
2–3 Zweiglein Basilikum

1 Zwiebeln im Öl andünsten, Dörrtomaten kurz mitdünsten, Kreuzkümmel und Pinienkerne unterrühren, mit Salz und Pfeffer abschmecken. Warm halten.

2 Pasta in reichlich Salzwasser al dente kochen, Brokkoli 5 Minuten mitkochen, abgießen.

3 Pasta-Brokkoli-Mix zu den Tomaten geben, mischen und erwärmen, auf vorgewärmten Tellern anrichten, mit Feta und Basilikum garnieren.

THAILAND

Phad Thai

Das thailändische Gericht wird normalerweise mit Krevetten und manchmal mit Schweinefleisch zubereitet. Ideal sind Reisnudeln, Pasta eignet sich selbstverständlich auch.

FÜR 4 PERSONEN

450 g Reisnudeln

Erdnussöl
2 Eier, verquirlt

250 g Tofuwürfelchen

2 EL Erdnussöl
1 mittelgroße Zwiebel, in feinen Ringen
2 Knoblauchzehen, in feinen Scheiben
½ grüner Chili, entkernt, fein gewürfelt
2½ cm Ingwer, fein gewürfelt
1 rote Peperoni/Paprikaschote
60 g Erdnussbutter
4–6 Frühlingszwiebeln, in Ringen
1–2 EL gehacktes Korianderkraut
100 g Sojabohnensprossen

Sauce
0,6 dl/60 ml Sojasauce
1–2 Limetten, Saft
1 EL Rohrohrzucker

80 g Erdnüsse, im Mörser zerstoßen

1 Reisnudeln in reichlich kaltem Wasser 20 Minuten einweichen, Nudeln auseinanderziehen, gemäß Packungsbeschrieb garen, abgießen, mit kaltem Wasser abschrecken.

2 Tofuwürfelchen in einem Wok oder in einer Bratpfanne ohne Fett braten, beiseite stellen.

3 Zerstossene Erdnüsse in der Tofupfanne ohne Fett ein wenig Farbe annehmen lassen.

4 Verquirlte Eier in der Bratpfanne in wenig Öl stocken lassen, wenden und fertig braten. Ausgekühlt in Streifen schneiden.

5 Peperoni halbieren, Stielansatz, Kerne und weiße Rippen entfernen, Schotenhälften in Streifen schneiden.

6 Zwiebeln, Knoblauch, Chili, Ingwer und Peperoni im Wok oder in der Bratpfanne in wenig Erdnussöl rührbraten, bis die Peperoni weich ist. Zuerst Erdnussbutter, dann Nudeln untermischen, erhitzen. Tofu, Frühlingszwiebeln, Sprossen, Omelettestreifen und die Hälfte des Korianders unterrühren, erhitzen. Sojasauce darübergießen.

7 Nudeln anrichten, mit den Erdnüssen garnieren.

Schwarze Bohnen «Picadillo»

Das lateinamerikanische Gericht kann auf vielerlei Art, auch mit anderen Zutaten, zubereitet werden. Man bekommt ein buntes Geschmacksbouquet. Picadillo eignet sich zum Füllen von Burritos (S. 76) und Empanadas (S. 88).

FÜR 4 PERSONEN

0,6 dl/60 ml Achioteöl
1–2 kleine Zwiebeln, fein gewürfelt
1–2 grüne oder rote Peperoni/Paprikaschoten
2 Knoblauchzehen, fein gewürfelt
½ TL Cayennepfeffer
1 Msp Kurkuma
200 g schwarze Bohnen
4 Tomaten
1 EL Sultaninen oder Rosinen
2 EL Kapern
1–2 TL Kreuzkümmelpulver
1 TL Oregano
½ TL Thymian
Salz
frisch gemahlener Pfeffer
12 entsteinte grüne Oliven

Achioteöl
50 g Annattosamen
2½ dl/250 ml Öl
½ TL Kurkuma

1 Schwarze Bohnen über Nacht in reichlich kaltem Wasser einweichen. Wasser weggießen. Bohnen mit viel frischem Wasser aufsetzen und bei mittlerer Hitze kochen, bis sie weich sind, Topfinhalt abgießen.

2 Für das Achioteöl sämtliche Zutaten erhitzen, bis das Öl eine intensive hellorange Farbe hat. Öl filtern, Samen wegwerfen. Einfacher: Öl mit 2 Msp Kurkuma verrühren. So bekommt es ebenfalls eine intensive Farbe.

3 Peperoni halbieren, Stielansatz, Kerne und weiße Rippen entfernen, Schotenhälften in Streifen schneiden. Tomaten schälen, Stielansatz ausstechen, Tomaten in kleine Würfel schneiden.

4 Zwiebeln im Achioteöl andünsten, Peperoni, Knoblauch, Cayennepfeffer und Kurkuma unterrühren, unter häufigem Rühren dünsten, bis die Peperoni weich sind. Schwarze Bohnen, Tomaten, Sultaninen, Kapern und Gewürze zugeben, mit Salz und Pfeffer abschmecken, 10 bis 15 Minuten köcheln lassen. Oliven zugeben, nochmals erhitzen.

Serviervorschlag Mit Kartoffeln oder Reis servieren.

Pipérade – Sommergemüse-«Rührei»

Die Spezialität stammt aus Südfrankreich und Nordspanien. Das sommerliche Gericht hilft, des Erntesegens von Tomaten und Peperoni Herr zu werden.

FÜR 4 PERSONEN

2–3 EL Öl
1 mittelgroße Zwiebel, in Scheiben
2 rote Peperoni/Paprikaschoten
3–4 Tomaten, fein gewürfelt
2 Knoblauchzehen, fein gewürfelt
1 Msp Paprikapulver
1 Lorbeerblatt
frischer Thymian
4 Eier, verquirlt
Salz, frisch gemahlener Pfeffer

1 Peperoni halbieren, Stielansatz, Kerne und weiße Rippen entfernen, Schotenhälften in Streifen schneiden. Tomaten schälen, Stielansatz ausstechen, Tomaten in Würfelchen schneiden.

2 Zwiebeln im Öl andünsten, Peperoni etwa 10 Minuten mitdünsten, Tomaten, Knoblauch, Paprika, Lorbeerblatt und Thymian unterrühren, mit Salz und Pfeffer abschmecken, etwa 10 Minuten weiterdünsten. Die Hitze erhöhen, verquirlte Eier über das Gemüse gießen und unter Rühren stocken lassen. Sofort servieren.

Tipp Mit knusprigem Brot servieren.

Porotos con mazamorra – Bohnen-Kürbis-Eintopf

«Porotos» bedeutet in Südamerika Bohnen. Das Gericht aus Chile ist eine Variante vieler ähnlicher Gerichte aus der Region, welche aus weißen Bohnen, Kürbis und Zuckermais zubereitet werden.

FÜR 4 BIS 6 PERSONEN

3 EL Öl
1 mittelgroße Zwiebel, fein gewürfelt
2 Knoblauchzehen, fein gewürfelt
4 Tomaten
400 g fruchtiger Kürbis
1 TL Paprikapulver
½ TL Kreuzkümmelsamen
200 g Flageolet- oder Kidneybohnen
2–3 Zuckermaiskolben
evtl. wenig Gemüsebrühe
Salz
frisch gemahlener Pfeffer

gehackte Petersilie

1 Bohnen über Nacht in reichlich kaltem Wasser einweichen. Wasser weggießen. Bohnen mit viel frischem Wasser aufsetzen und bei mittlerer Hitze kochen, bis sie weich sind, Topfinhalt in ein Sieb abgießen.

2 Zuckermaiskolben von Hüllblättern und Barthaaren befreien, im Dampf 5 bis 10 Minuten garen. Ein wenig abkühlen lassen. Maiskörner mit einem scharfen Messer vom Kolben schneiden.

3 Kürbis entkernen, Schale je nach Dicke und Festigkeit mit Messer oder Sparschäler entfernen, Fruchtfleisch in Würfelchen schneiden.

4 Tomaten schälen, Stielansatz ausstechen, Tomaten würfeln.

5 Zwiebeln im Öl goldgelb andünsten, Knoblauch, Tomaten, Kürbis, Paprika und Kreuzkümmel 5 Minuten mitdünsten. Bohnen und Zuckermais zugeben, köcheln lassen, bis der Kürbis weich ist. Eventuell wenig Gemüsebrühe zugeben. Abschmecken. Mit Petersillie bestreuen.

Brot-Nuss-Auflauf

Wir essen meist vegetarisch, und weil wir in einem kalten Land wie England leben, hat es Tradition, das nahrhafte «Nussbrot» zu einem wohltuenden Familienessen am Sonntag mit Kartoffeln und frischem Gemüse zu reichen. Mit den Jahren haben wir verschiedene Rezepte ausprobiert, aber keines war so gut wie das hier.

Chris Brazier und Pat Tope, Oxford, England

FÜR 3 BIS 4 PERSONEN

3 dl/300 ml Gemüsebrühe
2 Eier
2 TL gehackte gemischte Kräuter
1 mittelgroße Zwiebel, gewürfelt
250 g geriebene Nüsse,
z. B. Paranüsse, Baumnüsse/
Walnüsse, Haselnüsse, Erdnüsse
200 g Vollkornbrot,
klein gewürfelt
Salz
frisch gemahlener Pfeffer

1 Den Backofen auf 180 °C vorheizen.

2 Gemüsebrühe und Eier verquirlen, übrige Zutaten kräftig unterrühren, damit die Masse gleichmäßig feucht wird, mit Salz und Pfeffer würzen. In eine eingefettete Gratinform füllen.

3 Brot-Nuss-Auflauf in der Mitte in den Ofen schieben, bei 180 °C 35 Minuten backen.

Tipp Mit einer Cranberrysauce servieren.

Ratatouille

Das Ratatouille stammt aus der Provence. Abwandlungen dieses Gerichtes gibt es unter anderem auch auf Mallorca. Es lohnt sich, gleich eine größere Menge zuzubereiten, schmeckt es doch «aufgewärmt» noch fast besser.

FÜR 4 BIS 6 PERSONEN

3–4 EL Öl
1 große Zwiebel, fein gewürfelt
3 Knoblauchzehen, fein gewürfelt
500 g Fleischtomaten
1 Aubergine
2 Zucchini
2 Spross Stangensellerie, fein gehackt
je 1 grüne und rote Peperoni/ Paprikaschote
1–2 EL Tomatenmark
2 TL Zucker
2 EL gehackte Petersilie
Salz
frisch gemahlener Pfeffer

1 Sträußchen Oregano

1 Tomaten schälen: Bei fester Haut mit dem Sparschäler schälen. Sonst Tomaten an der Spitze kreuzweise einschneiden und in einem Schaumlöffel in kochendes Wasser tauchen, bis sich die Haut löst, Tomaten kalt abschrecken, Haut abziehen. Stielansatz ausstechen. Tomaten in Würfelchen schneiden.

2 Aubergine und Zucchini auf beiden Seiten kappen, beides in Würfelchen schneiden. Beim Stangensellerie grobfasrige Teile mit dem Sparschäler abschälen, Stangen in Würfelchen schneiden. Peperoni halbieren, Stielansatz, Kerne und weiße Rippen entfernen, Schotenhälften in Würfelchen schneiden,

3 Zwiebeln im Öl andünsten, Knoblauch mitdünsten, übrige Zutaten zugeben, mit Salz und Pfeffer würzen, köcheln lassen, bis das Gemüse weich ist. Mit Oregano garnieren.

Tipp Mit knusprigem Brot servieren.

FRANKREICH

Salade niçoise

Den typischen französischen Salat gibt es in vielen Abwandlungen. Ich habe ausgesprochen schöne Erinnerungen an diesen Salat. Es ist schon lange her. Mein Bruder David arbeitete damals in Paris, und ich suchte nach einer Beziehungskrise und Problemen im Job Zuflucht bei ihm. Als wir das erste Mal essen gingen, es war auf einem kleinen Platz, aß ich Salade niçoise und trank ein Glas Weißwein dazu. Beides war köstlich, ich war verrückt nach dem Pariser Leben, fand einen Job und blieb zwei Jahre.

Das authentische Rezept enthält Thunfisch, ich verwende stattdessen Kichererbsen. Wenn Sie Thunfisch verwenden, nehmen Sie am besten keinen roten Thunfisch, denn der ist vom Aussterben bedroht.

FÜR 4 PERSONEN

2 festkochende Kartoffeln
3 Handvoll grüne Bohnen
1 Dose (400 g) Kichererbsen, abgetropft
2 Handvoll Kirschtomaten, halbiert
2 hart gekochte Eier, geviertelt
1 Handvoll grüne oder schwarze Oliven
1 EL gehackte glattblättrige Petersilie

grüner Blattsalat

Vinaigrette
Zitronensaft
Olivenöl extra vergine
Salz
frisch gemahlener Pfeffer

1 Kartoffeln schälen und in Würfelchen schneiden. Bei den grünen Bohnen den Stielansatz abschneiden, Bohnen je nach Größe zerkleinern. Kartoffeln zusammen mit den Bohnen im Dampf weich garen.

2 Kartoffeln, Bohnen und Kichererbsen mit der Vinaigrette mischen.

3 Blattsalat locker auf Teller verteilen, Salat darauf anrichten, mit Kirschtomaten, Eiern, Oliven und Petersilie garnieren.

Serviervorschlag Mit knusprigem Brot servieren.

Weißkohlcurry

Als ich vor 20 Jahren Indien verließ, um in England zu studieren, fiel mir auf, dass der Kohl hier nicht besonders geschätzt wird. Ich habe das nicht verstanden, weil wir ihn zu Hause sehr unterschiedlich und schmackhaft zubereiten und sehr gerne essen. Was ihn mir als Studentin darüber hinaus sofort attraktiv machte, war sein günstiger Preis. Als ich feststellte, dass viele Engländer das arme Gemüse im Wasser kochen, war mir alles klar.

Für dieses Rezept ist Weißkohl oder Spitzkohl ideal. Die Süße des Kohls ist ein guter Kontrast zum leicht bitteren Kreuzkümmel und Bockshornklee. Wirz / Wirsing eignet sich nicht für dieses Rezept. Sie können nach Belieben auch Erbsen zufügen, sollten diese aber nur 2 bis 3 Minuten garen, damit sie ihre Süße behalten.

Dinyar Godrej, Rotterdam, Niederlande

FÜR 4 PERSONEN

2–3 EL Öl
2½ cm Ingwerwurzel, in Streifchen
1 TL Kreuzkümmelsamen
½ TL Bockshornkleesamen
½ TL Kurkuma
1 TL Curry
1 TL getrockneter Koriander
2½ dl / 250 ml Kokosnussmilch
1 Weißkohl, ca. 1 kg
Salz
Limettensaft
2 EL fein geschnittener Koriander

1 Den Weißkohl vierteln und den Strunk herausschneiden, Viertel in Streifen schneiden.

2 Ingwer, Kreuzkümmel- und Bockshornkleesamen im Wok oder in einer großen Pfanne im Öl 30 Sekunden pfannenrühren, Kurkuma, Curry, Koriander und Kokosmilch zugeben und unter Rühren aufkochen, Kohl zugeben und bei schwacher Hitze knackig garen. Mit Salz und Limettensaft abschmecken. Anrichten. Mit dem Koriander garnieren.

Serviervorschlag Mit Reis servieren.

Bulgur-Sojabohnen-Gratin

Freunde aus den USA servierten uns dieses Gericht, als wir ein Jahr lang in Kanada lebten. In leichter Abwandlung zum englischen Original ist es seitdem fester Bestandteil unserer Alltagsküche, obwohl wir in England bisher niemanden getroffen haben, der das Rezept kennt.

Chris Brazier und Pat Tope, Oxford, England

FÜR 6 BIS 8 PERSONEN

150 g Sojabohnen, über Nacht eingeweicht

250 g Bulgur
2½ dl/250 ml kochendes Wasser

2–3 EL Öl
1 kleine Zwiebel, fein gewürfelt
3–4 Knoblauchzehen, durchgepresst
2 TL Kreuzkümmelpulver
2–3 TL getrockneter Basilikum
½ TL Paprikapulver
1 grüne oder rote Peperoni/ Paprikaschote
400 g Fleischtomaten
3 EL Tomatenmark
1 EL Sultaninen
2 EL gehackte Petersilie
250 g Feta, zerbröckelt
Salz
frisch gemahlener Pfeffer

1 Bulgur in einer Schüssel mit dem kochenden Wasser übergießen, 15 Minuten quellen lassen.

2 Peperoni halbieren, Stielansatz, Kerne und weiße Rippen entfernen, Schotenhälften in Würfelchen schneiden. Tomaten schälen, Seite 128, Stielansatz ausstechen, Tomaten in Würfelchen schneiden.

3 Backofen auf 190 °C vorheizen.

4 Sojabohnen mit wenig Wasser sehr fein pürieren.

5 In einem großen Topf Zwiebeln, Knoblauch, Kreuzkümmel, Basilikum und Paprika etwa 5 Minuten unter Rühren dünsten, Peperoni 5 Minuten mitdünsten.

6 Eingeweichten Bulgur und Peperoni mit dem Sojabohnepüree mischen. Tomaten, Tomatenmark, Sultaninen, Petersilie und die Hälfte des Fetas unterrühren, mit Salz und Pfeffer abschmecken. In eine eingefettete Gratinform füllen. Restlichen Feta darüber verteilen. Mit Alufolie verschließen.

7 Das Gratin in der Mitte in den Ofen schieben und bei 190 °C 30 Minuten backen. Alufolie entfernen, Gratin nochmals 15 Minuten bei 180 °C backen.

Süßkartoffel-Feta-Klößchen

Die Süßkartoffel wird zwar gleich verwendet wie die Kartoffel, ist mit ihr aber nicht verwandt. Das Windengewächs ist in Mittel- und Südamerika beheimatet, also in den Tropen und Subtropen. Süßkartoffeln enthalten reichlich Kohlenhydrate und Mineralstoffe wie Kalzium, Phosphor und Magnesium.

Mary Kleinenberg, Pietermaritzburg, Südafrika

FÜR 4 BIS 6 PERSONEN

4 Süßkartoffeln
150 g Feta, gewürfelt
1 Msp Chilipulver
Salz
frisch gemahlener Pfeffer

2 EL trocken geröstete Sesamsamen oder Sonnenblumenkerne oder eine Mischung

1 Süßkartoffeln schälen, in Würfelchen schneiden und im Dampf weich garen.

2 Süßkartoffeln mit dem Feta stampfen, mit Chili, Salz und Pfeffer würzen.

3 Aus der Süßkartoffel-Feta-Masse Klößchen formen und in den gerösteten Sesamsamen wenden.

Serviervorschlag Besonders köstlich schmecken die Klößchen kalt mit zarten Randen / Roten Beten.

Baja Best

«Ohnmächtiger Imam» – überbackene Auberginen

Dieses Rezept aus der Türkei musste schon allein wegen des außergewöhnlichen Namens in dieses Buch. Es gibt ebenso viele Anekdoten über den ohnmächtigen Imam wie Rezepte.

Andrew Hine, London, England

FÜR 4 PERSONEN

2 Auberginen

3 EL Olivenöl extra vergine
1 mittelgroße Zwiebel, in Scheiben
je 1 rote und grüne Peperoni/ Paprikaschote
3–4 Knoblauchzehen, durchgepresst
½ TL Kreuzkümmelpulver
1 Msp Korianderpulver
4 Fleischtomaten
2 EL gehackte Petersilie
1 EL Zitronensaft
1 TL Zucker
Salz
frisch gemahlener Pfeffer

Sauce
200 g Naturjoghurt
Salz
frisch gemahlener Pfeffer
1 EL fein geschnittene Minze

1 Peperoni halbieren, Stielansatz, Kerne und weiße Rippen entfernen, Schotenhälften in Würfelchen schneiden. Stielansatz bei den Tomaten ausstechen, Tomaten in Würfelchen schneiden. Auberginen mit Stiel längs halbieren, Gemüsefrüchte mit einem Kugelausstecher oder einem Löffel bis auf eine Wand von 1 cm aushöhlen. Fruchtfleisch eventuell noch zerkleinern.

2 Den Backofen auf 190 °C vorheizen.

3 Zwiebeln im Öl andünsten, Peperoni, Auberginen, Knoblauch, Kreuzkümmel und Koriander mitdünsten, Tomaten und

Petersilie zufügen, kurz weiterdünsten, mit Zitronensaft, Zucker, Salz und Pfeffer abschmecken.

4 Wenig Wasser in eine Gratinform gießen. Auberginenhälften hineinstellen, mit dem Gemüse füllen. Die Form mit Alufolie verschließen.

5 Auberginen in der Mitte in den Ofen schieben, bei 190 °C 30 Minuten backen. Folie entfernen, Gemüse abkühlen lassen.

6 Joghurt mit Salz und Pfeffer würzen, Minze unterrühren.

Serviervorschlag Mit Reis oder Brot servieren.

Nusscake mit karamellisierter Zwiebelsauce

Das vegetarische Weihnachtsessen basiert auf einem Rezept, das ich in Restaurants in Adele gegessen habe. Es schmeckt wunderbar mit karamellisierter Zwiebelsauce und geröstetem Gemüse. Das provenzalische Gewürzbouquet besteht aus Basilikum, Fenchel, Lavendel, Majoran, Minze, Rosmarin, Bohnenkraut, Salbei und Thymian.

Steve Lancaster, Australien / Großbritannien

FÜR 4 PERSONEN

Nusscake
2–3 EL Öl
2 kleine Zwiebeln, fein gewürfelt
4 Knoblauchzehen, fein gewürfelt
250 g ungesalzene geröstete Erdnüsse
75 g Haferflocken
2 EL Samen/Kerne, z. B. Sonnenblumenkerne, Kürbiskerne, Leinsamen, Sesamsamen
1 Dose (400 g) Kidneybohnen, abgetropft
200 g Paniermehl/Semmelbrösel
2 Äpfel
2 Karotten
½ dl/50 ml Gemüsebrühe
2 TL Herbes de Provence
Salz
frisch gemahlener Pfeffer

Karamellisierte Zwiebelsauce
2 EL Öl
2–3 große Zwiebeln, gewürfelt
4 Knoblauchzehen, fein gewürfelt
1 EL Rohrohrzucker
2–4 Champignons, gewürfelt
6 sonnengetrocknete Tomaten, fein gewürfelt
2 EL Tomatenmark
2 TL Gemüsebrühepaste
je 1 Spritzer Sojasauce und Balsamico
3½ dl/350 ml Wasser

1 Den Backofen auf 200 °C vorheizen.

2 Zwiebeln im Öl dünsten / bräunen, bis sich eine karamellähnliche Flüssigkeit gebildet hat, Knoblauch kurz mitdünsten. Erdnüsse, Haferflocken und die Hälfte der Samen im Cutter zerkleinern. Bohnen stampfen. Äpfel mit Schale auf der Bircherreibe reiben. Karotten schälen und ebenfalls fein reiben.

3 Alle Zutaten in einer großen Schüssel mischen, mit Salz und Pfeffer abschmecken. Die Masse soll dick, aber nicht trocken sein. Sonst etwas mehr Zwiebeln und / oder Karotten dazureiben. Masse in eine eingefettete Kastenform füllen, Samen darüberstreuen. Cake in der Mitte in den Ofen schieben und bei 200 °C 30 Minuten backen. Nadelprobe machen.

4 Für die Sauce Zwiebeln im Öl bei nicht zu starker Hitze andünsten, Knoblauch zugeben, weiterdünsten, bis die Zwiebeln Farbe angenommen haben, Zucker und Pilze zugeben, zugedeckt garen. Wenn die Pilze Flüssigkeit abgeben, Tomaten, Tomatenmark, Gemüsebrühepaste, Sojasauce, Balsamico und Wasser zugeben, köcheln lassen, bis die Sauce eingedickt ist. Eventuell etwas Flüssigkeit zufügen.

Zwiebelsauce Der intensive Geschmack karamellisierter Zwiebeln passt gut zu Aufläufen, Pies und diesem Nusscake.

Vegiburger

Makrobiotiker Gregory Sams, ein Amerikaner, der in Großbritannien lebt, erfand den Vegiburger Anfang der 1980-er Jahre. Vegiburger eignen sich genau so gut für ein Picknick wie für eine Mahlzeit.

FÜR 12 BIS 15 BURGER

200 g grüne Linsen
3 Karotten
1 Zwiebel
2 Knoblauchzehen
3 Scheiben Brot, zerpflückt
½ TL Korianderpulver
2 EL grob gehackte Petersilie
1 EL grob geschnittenes Korianderkraut
1 Ei, verquirlt
Salz
frisch gemahlener Pfeffer

etwas Mehl

Brötchen
Ketchup
Zwiebelringe
Blattsalat
Tomatenscheiben

1 Linsen in ungesalzenem Wasser etwa 20 Minuten kochen, bis sie knapp weich sind. Abgießen.

2 Karotten, Zwiebeln und Knoblauchzehen schälen und zerkleinern, mit Brot, Koriander, Petersilie und Korianderkraut im Cutter / Mixer fein mixen, Linsen und Ei zugeben, gut mischen, mit Salz und Pfeffer würzen.

3 Backofen auf 220 °C vorheizen.

4 Aus der Linsenmasse Burger formen, im Mehl wenden, auf ein eingefettetes Backblech legen. Im vorgeheizten Ofen bei 220 °C auf jeder Seite 5 bis 7 Minuten braten.

Gemüsecurry

Die Heirat von Curry und Tomaten und Eiern obendrein erinnert mehr an die mexikanische als an die indische Küche. Ausprobieren!

Chris Brazier und Pat Tope, Oxford, England

FÜR 4 PERSONEN

2 EL Öl
1 kleine Zwiebel, fein gewürfelt
3 Knoblauchzehen, fein gewürfelt
1 Karotte
1 Kartoffel
300 g Blumenkohl
2 TL Curry
1 TL Ingwerpulver
2 TL Paprikapulver
1–2 EL Tomatenmark
1 Dose (400 g) Tomaten
1 Dose (400 g) Kichererbsen, abgetropft
1 Apfel
1 EL Sultaninen oder Rosinen
Salz
frisch gemahlener Pfeffer

4 hart gekochte Eier, nach Belieben

1 Karotte und Kartoffel schälen und in Würfelchen schneiden. Blumenkohl in möglichst kleine Röschen teilen. Apfel schälen, vierteln, entkernen, in Würfelchen schneiden. Stielansatz der Tomaten ausstechen, Tomaten zerkleinern.

2 Zwiebeln und Knoblauch im Öl andünsten, Gemüse mitdünsten, Gewürze darüberstäuben, Tomatenmark einige Minuten mitdünsten, Tomaten zugeben, köcheln lassen, bis das Gemüse fast weich ist. Kichererbsen, Äpfel und Sultaninen zugeben, das Ganze kurz köcheln lassen, Sauce wenn nötig mit Gemüsebrühe verdünnen, Gemüsecurry abschmecken.

Serviervorschlag Mit Reis oder Brot, einem Chutney oder einer Gurken-Raita (Naturjoghurt mit Gurkenwürfelchen) servieren.

Pfannengerührtes Gemüse

Das chinesische Gericht kann immer wieder neu komponiert werden, vor allem bezüglich Gemüse.

FÜR 4 PERSONEN

2–3 EL Erdnussöl
2½ cm Ingwer, fein gewürfelt
200 g Zuckermais
200 g grüne Bohnen oder Kefen/Kaiserschoten
100 g Pilze, in Scheiben
1 kleine rote Peperoni/Paprikaschote
250 g gekochter Reis
4 Frühlingszwiebeln, fein gewürfelt
200 g Sojabohnensprossen
1 Handvoll Cashewkerne
ca. 2 EL Sojasauce

1 Stielansatz der Bohnen abschneiden, Bohnen in kleine Stücke schneiden. Den Stielansatz und gleichzeitig den zähen Faden bei den Kefen entfernen, diese in kleine Stücke schneiden. Peperoni halbieren, Stielansatz, Kerne und weiße Rippen entfernen, Hälften in Quadrate schneiden.

2 Erdnussöl im Wok erhitzen, Zutaten bis und mit Peperoni zugeben, bei starker Hitze pfannenrühren, bis das Gemüse weich ist. Zutaten bis und mit Cashewkernen zugeben, ein paar Minuten weiterrühren, abschmecken mit Sojasauce.

Veggie Fulani Pie
Kartoffel-Linsen-Gratin

Mein Mann und ich leben in einer abgeschiedenen Gegend im Bundesstaat Kwara in Nigeria. Wir sind Kanadier aus Vancouver und arbeiten in Afrika als Lehrer. Wir sind beide Vegetarier. Als wir hier ankamen, realisierten wir, dass unsere Kost aus Bohnen, Bohnen und nochmals Bohnen bestehen würde. Also musste ich mir etwas einfallen lassen. Hier das Rezept für eine «Shepherd's Pie» mit Gemüse. Ein wohltuendes warmes Gericht in kalten nigerianischen Nächten!

Jocelyn und Ryan Sullivan, Nigeria

FÜR 4 PERSONEN

200 g braune oder grüne Linsen
½ l Wasser
1 Lorbeerblatt
2 Karotten, klein gewürfelt

2 EL Öl
500 g festkochende Kartoffeln
1 große Zwiebel, in feinen Scheiben
1–2 Peperoni/Paprikaschoten
3 Knoblauchzehen, fein gewürfelt
1 Dose (400 g) Tomaten
2–3 TL Oregano
1–2 TL Kreuzkümmel
1 TL Sojasauce
Salz
frisch gemahlener Pfeffer

Sauce
2 EL Öl
1 mittelgroße Zwiebel oder
1 kleiner Lauch
1 gehäufter EL Mehl
½ l Gemüsebrühe
1 EL Miso oder Sojasauce
1 TL Ahornsirup

1 Linsen mit Wasser und Lorbeerblatt aufkochen, bei mittlerer Hitze weichkochen, etwa 20 Minuten, Karotten die letzten 10 Minuten mitkochen, abgießen.

2 Peperoni halbieren, Stielansatz, Kerne und weiße Rippen entfernen, Schotenhälften in Quadrate schneiden. Zwiebeln und Peperoni im Öl weichdünsten, Knoblauch einige Minuten mitdünsten. Entstielte und zerkleinerte Tomaten, Gewürze, Sojasauce und Linsen zugeben, kurz köcheln lassen, mit Salz und Pfeffer abschmecken.

3 Backofen auf 200 °C vorheizen.

4 Die Kartoffeln schälen und in feine Scheiben schneiden.

5 Linsengemüse in eine Gratinform füllen, mit den rohen Kartoffelscheiben belegen, mit Salz und Pfeffer würzen, mit Öl beträufeln.

6 Das Gratin in der Mitte in den Ofen schieben und bei 200 °C 20 bis 30 Minuten backen, bis die Kartoffeln weich und gebräunt sind.

7 Zwiebeln respektive Lauch in feine Ringe schneiden und im Öl andünsten, Mehl darüberstäuben, 2 Minuten weiterdünsten. Gemüsebrühe zugeben, bei schwacher Hitze köcheln lassen, bis die Sauce ein wenig eingedickt ist, abschmecken mit Miso und Ahornsirup.

Zucchinigratin

Wer Zucchini anbaut, stößt mit dem Erntesegen rasch einmal an Grenzen. Dafür habe ich dieses Rezept kreiert. Man kann die Gemüsefrüchte natürlich auch zu Chutney und süßsaurem Gemüse verarbeiten. Junge Exemplare können in Scheiben geschnitten und gedörrt werden.

FÜR 4 PERSONEN

3–4 EL Olivenöl
1 kg Zucchini
2 Knoblauchzehen, fein gewürfelt
1 TL Fenchelsamen
2 EL gehackte Petersilie
100 g geriebener Käse, z. B. Gruyère oder Cheddar
Salz
frisch gemahlener Pfeffer

1 Zucchini beidseitig kappen, in Scheiben schneiden.

2 Backofen auf Grillstufe vorheizen.

3 Olivenöl in einer weiten Bratpfanne erhitzen, Zucchini zugeben und bei mittlerer Hitze unter zeitweiligem Rühren knackig dünsten, Knoblauch, Fenchelsamen sowie Petersilie zugeben, 2 bis 3 Minuten weiterdünsten, mit Salz und Pfeffer würzen.

4 Zucchini in eine eingefettete große Gratinform verteilen, Käse darüberstreuen. Unter dem Grill bräunen.

Serviervorschlag Mit knusprigem Brot, Kartoffeln oder Reis und Salat servieren.

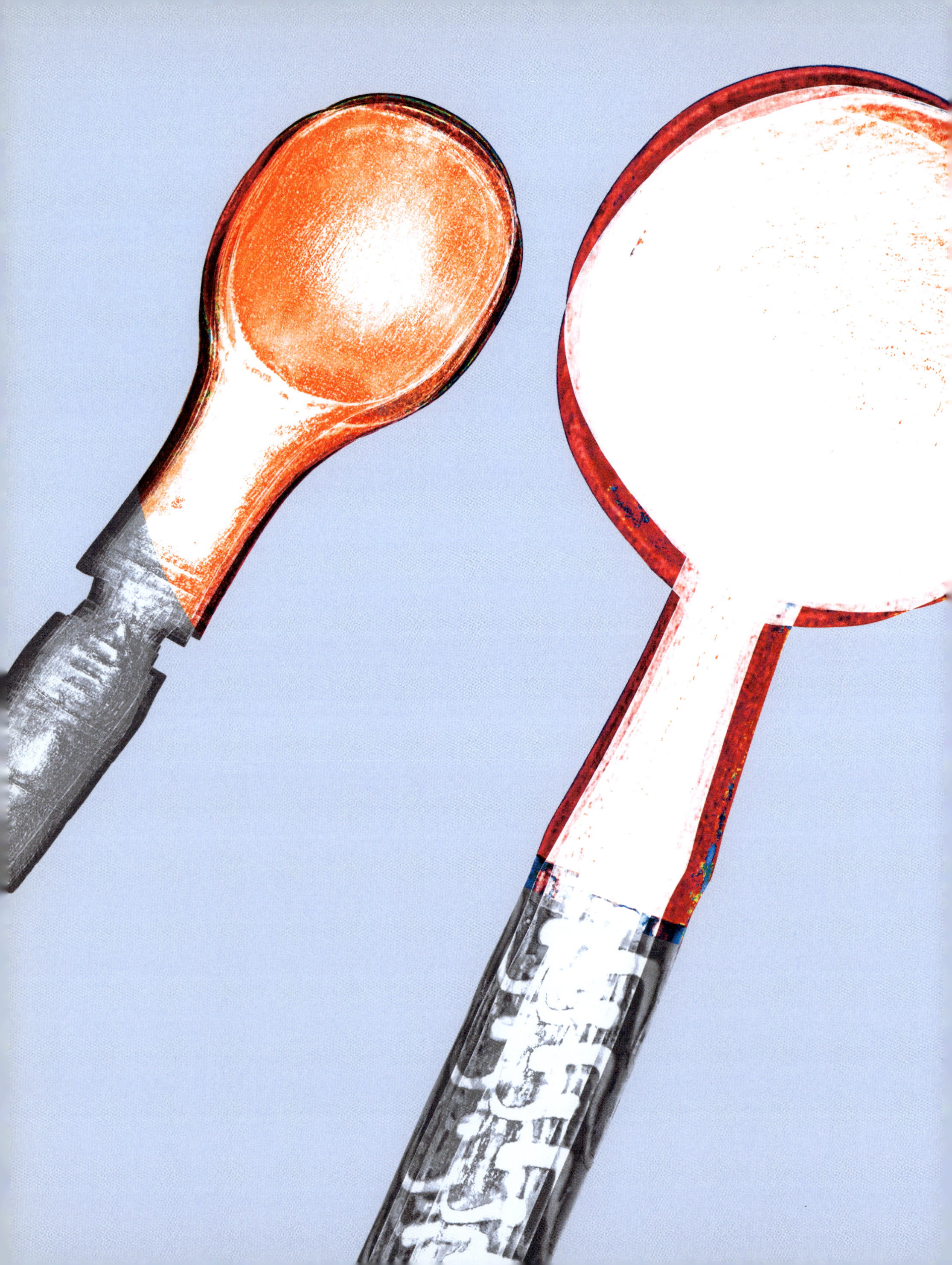

SALATE, BEILAGEN & SAUCEN

Gebackener Fenchel

Der Fenchel ist ein tolles Gemüse – das Blattwerk erinnert an Palmen, und die weißgrünen Knollen verwöhnen uns mit einem dezenten Anisaroma. Wunderbar schmeckt auch roher Fenchel, ob zum Dippen oder als Salat.

FÜR 4 PERSONEN

4 kleine Fenchel

2–3 EL Olivenöl extra vergine
1 große Zwiebel, in feinen Ringen
1 Knoblauchzehe, durchgepresst
1 EL Tomatenmark
1 TL Mehl
einige Fenchelsamen
2–3 dl/200–300 ml Gemüsebrühe
Salz
frisch gemahlener Pfeffer

1 Den Backofen auf 180 °C vorheizen.

2 Fenchel halbieren und in eine Gratinform legen.

3 Zwiebeln im Öl andünsten, Knoblauch, Tomatenmark, Mehl und Fenchelsamen kurz mitdünsten, Gemüsebrühe zugeben, unter Rühren aufkochen, kurz köcheln lassen, mit Salz und Pfeffer abschmecken. Über den Fenchel verteilen. Entweder Deckel auflegen oder Gratinform mit Alufolie verschließen.

4 Gratinform in der Mitte in den Ofen schieben, Fenchel bei 180 °C 30 bis 40 Minuten schmoren lassen. Ab und zu ein wenig Sauce über den Fenchel träufeln.

GROSSBRITANNIEN

Randen-Kartoffel-Salat

Wenn die Randen bis jetzt bei Ihnen nicht punkten konnten, ändert sich das möglicherweise mit diesem Rezept.

FÜR 4 PERSONEN

4 kleine Randen/Rote Beten
4 mittelgroße festkochende Kartoffeln, geschält, gewürfelt
2 Schalotten oder 1 kleine rote Zwiebel, in feinen Ringen
Olivenöl
Balsamico
Salz
frisch gemahlener Pfeffer

glattblättrige Petersilie für die Garnitur

1 Randen im Salzwasser kochen, etwa 30 Minuten, Kartoffeln 15 Minuten mitkochen. Abgießen.

2 Randen schälen und in Würfelchen schneiden, mit den Schalotten zu den Kartoffeln geben, mit Olivenöl, Balsamico, Salz und Pfeffer würzen. Mit Petersilie garnieren. Warm servieren.

Brotsalat mit Tomaten

Das Rezept eignet sich gut für die Verwertung von altem Brot.
Michael York und Denise Salambasis, Oxford, England

FÜR 4 BIS 6 PERSONEN

600 g altbackenes Ruchbrot
1 rote Zwiebel, fein gewürfelt
2 Knoblauchzehen, fein gewürfelt
500 g Tomaten
1 Handvoll schwarze Oliven

Sauce
3 EL Balsamico
frisch gemahlener Pfeffer
Kräutersalz
6 EL Olivenöl extra vergine
1 Sträußchen Petersilie, Blättchen abgezupft und gehackt

Oregano für die Garnitur

1 Das Brot in Scheiben oder beliebige Stücke schneiden, ins Wasser legen, bis es weich ist, gut ausdrücken und mit der Gabel zerpflücken.

2 Stielansatz der Tomaten ausstechen, Tomaten in Würfel schneiden.

3 Brot, Zwiebeln und Knoblauch mit der Sauce mischen, Salat 15 Minuten ziehen lassen. Tomaten und Oliven untermischen, mit Oregano garnieren.

Zucchini mit Limettensaft

Als ich zum ersten Mal Zucchini in den Händen hielt, wusste ich nicht, was ich damit machen sollte – ich fand ihr Grün entzückend, doch ihr Geschmack erschien mir fad. Versuche, sie mit indischen Gewürzen aufzupeppen, schlugen fehl. Inzwischen weiß ich, wie man gemischt mit Kichererbsenmehl und Masala köstliche Klöße daraus macht – aber das ist eine andere Geschichte. Das folgende Gericht verdanke ich einer englischen Freundin. Es ist einfach und köstlich.

Dinyar Godrej, Rotterdam, Niederlande

FÜR 4 PERSONEN

2 EL Butter
2 Knoblauchzehen, fein gewürfelt
700 g grüne und gelbe Zucchini
1 Bund Schnittlauch, fein geschnitten
2 EL Limettensaft
Salz
frisch gemahlener Pfeffer

1 Zucchini beidseitig kappen, je nach Dicke längs halbieren, in Scheiben schneiden.

2 Knoblauch in der Butter 1 bis 2 Minuten dünsten, ohne dass er Farbe annimmt, Zucchini zugeben und zugedeckt weichdünsten, Schnittlauch und Limettensaft unterrühren, mit Salz und Pfeffer abschmecken.

Serviervorschlag Mit knusprigem Brot servieren.

Tomaten-Apfel-Chutney

Es macht richtig Spaß, Chutneys von Gemüse aus dem eigenen Garten herzustellen.

5 Knoblauchzehen, fein gewürfelt
2 große Zwiebeln, fein gewürfelt
5 säuerliche Äpfel
300 g Zucchini
1 kg reife Fleischtomaten
1 rote Peperoni/Paprikaschote
1–2 rote Peperoncini
frisch gemahlener schwarzer Pfeffer
1 TL Salz
1 EL Paprikapulver
100 g Rohrohrzucker
3 dl/300 ml Rotweinesig
1 Bund Petersilie
4 EL (60 g) Unigel oder Konfigel oder Gelfix

1 Äpfel schälen, vierteln und entkernen. Zucchini beidseitig kappen, in Scheiben schneiden. Stielansatz der Tomaten ausstechen, Tomaten zerkleinern. Peperoni halbieren, Stielansatz, Kerne und weiße Rippen entfernen, Schotenhälften in Streifen schneiden. Peperoncini aufschneiden und entkernen, Schotenhälften in Streifchen schneiden. Petersilie von den Stielen zupfen.

2 Die Zutaten ohne Geliermittel aufkochen, bei schwacher Hitze köcheln lassen, bis Gemüse und Früchte weich sind. Durch das Passevite / die Flotte Lotte drehen.

3 Das Chutney mit dem Geliermittel unter Rühren aufkochen, 1 Minute sprudelnd kochen. Heiß in vorgewärmte Vorratsgläser füllen, sofort verschließen.

Verwendung Dieses Chutney ist auch ein idealer Ersatz für Ketchup.

TRADE MARK
ROSELLA
PRESERVING C°Y PROP. LTD
TOMATO CHUTNEY
A DELICIOUS APPETISER
CONTENTS 13 OUNCES.
CREMORNE GARDENS RICHMOND. MELBOURNE AUSTRALIA
PREPARED FROM THE CHOICEST INGREDIENTS.

Kokosreis

Kokosnussmilch, Zimt und Kardamom geben dem Reis ein attraktives exotisches Aroma.

FÜR 4 PERSONEN

300 g Basmati-Reis
3 Gewürznelken
3 Kardamomkapseln
4 EL Rosinen oder Sultaninen
1 Dose (400 g) Kokosnussmilch
1 Zimtstange
60 g Cashewkerne
1 Prise Salz

Reis, Gewürznelken, Kardamomkapseln und Rosinen im Wasser 10 Minuten kochen, bis der Reis «al dente» ist und die Rosinen oder Sultaninen aufgequollen sind. Abgießen. Reis in den Topf zurückgeben, Kokosnussmilch, Zimt, Cashewkerne und Prise Salz zugeben, Reis bei schwacher Hitze 10 bis 15 Minuten köcheln lassen.

Copper-Penny-Karotten

Eine Freundin gab mir vor langer Zeit dieses Rezept. Der Karottensalat ist an einem heißen Sommertag eine gute, sättigende Beilage.

Henriette Faber, Kelowna, British Columbia, Kanada

FÜR 4 BIS 6 PERSONEN

1 kg Karotten
1 grüne Peperoni/Paprikaschote
1 große Zwiebel, in feinen Ringen

Marinade
4 EL Zucker
1 TL Worcestersauce
½ l Tomatensauce
1,2 dl/120 ml Olivenöl extra vergine
1,2 dl/120 ml Essig
0,6 dl/60 ml Apfelessig
1 TL Senfpulver
Salz
frisch gemahlener Pfeffer

1 Karotten schälen, in Scheiben schneiden, im Dampf knackig garen.

2 Peperoni halbieren, Stielansatz, Kerne und weiße Rippen entfernen, Schotenhälften in Würfelchen schneiden.

3 Karotten mit Peperoni und Zwiebeln in einen Topf schichten. Zutaten für die Marinade aufkochen und über die Karotten gießen. Über Nacht zugedeckt stehen lassen.

Tipp Der Karottensalat hält sich im Kühlschrank eine Woche frisch.

SÜDAFRIKA

Kartoffel-Mais-Küchlein

FÜR 4 PERSONEN

2–3 Eier
200 g gekochte Schalenkartoffeln, geschält
50 g Gruyère
2 Zuckermaiskolben
¼ TL Chilipulver
Salz

Öl zum Braten

1 Maiskolben von Hüllblättern und Barthaaren befreien, Kolben im Dampf 10 Minuten garen. Abkühlen lassen. Maiskörner vom Kolben schneiden.

2 Eier verquirlen, Kartoffeln und Käse auf der Röstiraffel dazureiben, Maiskörner zugeben, würzen.

3 Wenig Öl in einer nicht klebenden Bratpfanne erhitzen. Masse mit kleinem Suppenschöpfer portionieren und in die Bratpfanne geben, Küchlein beidseitig bei mittlerer Hitze braun braten.

Serviervorschlag Mit der Chilisauce, Seite 200, servieren.

ITALIEN

Salat aus weißen Bohnen

FÜR 4 PERSONEN

500 g ausgelöste frische dicke weiße Bohnen
4–6 Knoblauchzehen
2 Prisen Salz

Vinaigrette
2 TL Zitronensaft
1 dl/100 ml Olivenöl extra vergine
Salz
frisch gemahlener Pfeffer
1 EL fein gewürfelter Fenchel

1 Frische Bohnen mit Knoblauch und Salz in wenig Wasser kochen, bis sie weich sind. Abgießen.

2 Die Vinaigrette zubereiten, Bohnen zugeben, gut mischen. Mindestens 30 Minuten marinieren.

Knusprige Knoblauch-Kartoffeln

Das Rezept hat seine Wurzeln in der südindischen Küche. Die Curryblätter geben dem Gericht das gewisse Etwas, sind aber nicht zwingend. Verwenden Sie für dieses Rezept weiße «urid dal», also geschälte schwarze Linsen. Die Kartoffeln bleiben weich. Für die knusprige Note sorgen Linsen und Erdnüsse.

Dinyar Godrej, Rotterdam, Niederlande

FÜR 3 BIS 4 PERSONEN

3–4 EL Öl
500 g festkochende Kartoffeln
1 EL weiße Linsen, 15 Minuten im Wasser eingeweicht
1 TL Senfsamen
3–4 Knoblauchzehen, in Scheiben
1 getrockneter Chili, zerbröselt
1 Msp Asafoetida
10–15 frische Curryblätter (getrocknete Blätter in Wasser einweichen)
1 EL rohe (nicht geröstete) Erdnüsse
Salz

1 Kartoffeln unter fließendem Wasser mit einer Bürste gut reinigen. In Längsrichtung in Schnitze schneiden. Im Dampf einige Minuten garen.

2 In einer Bratpfanne das Öl erhitzen, Linsen, Senfsamen, Knoblauch, Chili und Asafoetida zugeben und unter Rühren 1 Minute braten, bis die Gewürze duften, Curryblätter kurz mitbraten, Kartoffeln und Erdnüsse zugeben, 2 Minuten pfannenrühren, nach Belieben salzen. Hitze ein wenig reduzieren, Kartoffeln 10 Minuten pfannenrühren, bis sie weich sind.

Asafoetida Das sehr aromatische Harz ist in Asia-Shops erhältlich.

Dobi – Spinat mit Tomaten

Ich komme aus Simbabwe. Dieses Spinat-Tomaten-Gericht erinnert mich an meine Kindheit. Dobi wird bei uns mit «sadza» serviert, einem Brei, der aus dem Grundnahrungsmittel Maisschrot hergestellt wird. In anderen Ländern Afrikas ist er auch unter dem Namen «pap» oder «ugali» bekannt. Sadza ist der italienischen Polenta ähnlich. Doch da es nicht so leicht herzustellen und Maisschrot nicht ganz einfach zu bekommen ist (vor allem im heutigen Simbabwe), habe ich den Spinat auch schon auf Crackern als Vorspeise serviert. Kürzlich brachte ich das Gericht zu einer Multikulti-Party mit, zu der jeder etwas aus seinem Land mitbrachte. Der Teller war innert kürzester Zeit leer.

Laura Brown

FÜR 2 PERSONEN

2 EL Öl
1 kleine Zwiebel, fein gewürfelt
400 g Fleischtomaten
1–2 Knoblauchzehen, fein gewürfelt
1–2 TL gehackte gemischte Kräuter, zum Beispiel Petersilie und Thymian
¼–½ frischer grüner Chili, entkernt, fein gewürfelt, nach Belieben
250 g Spinat/Mangold, gehackt
2 EL Erdnussbutter
Salz
frisch gemahlener Pfeffer

1 Stielansatz der Tomaten ausstechen, Tomaten in Würfelchen schneiden.

2 Zwiebeln im Öl andünsten, Tomaten, Knoblauch, Kräuter sowie Chili mitdünsten, etwa 5 Minuten köcheln lassen. Spinat zugeben, köcheln lassen, bis er zusammengefallen ist. Mit Erdnussbutter, Salz und Pfeffer abschmecken.

Frühsommerlicher Zucchinisalat

Früh im Jahr geerntete Zucchini sind wunderbar zart. Man kann sie mit Brokkoli oder jungen Karotten zubereiten.

FÜR 4 PERSONEN

4 kleine Zucchini
200 g Brokkoli
zerpflückter Blattsalat

Dressing
4 EL Rahm/Sahne oder Naturjoghurt
2 TL weißer Balsamico
1 EL Sesamöl
Salz
frisch gemahlener Pfeffer

2 EL trocken geröstete Kürbiskerne
2 EL trocken geröstete Sonnenblumenkerne

1 Zucchini beidseitig kappen, mit Sparschäler feine Streifen abziehen. Brokkolistiel abschneiden und schälen, in Stäbchen schneiden. Brokkoliblume in kleine Röschen teilen. Stäbchen und Röschen im Dampf einige Minuten garen.

2 Das Dressing zubereiten.

3 Zucchini, Brokkoli und Blattsalat mit dem Dressing mischen. Anrichten, mit den Kernen bestreuen.

Würziger Auberginen-Kartoffel-Eintopf

Ein köstliches Gericht von den Molukken, einer indonesischen Inselgruppe. Früher war sie eine bekannte Gewürzinsel. Von dort kamen Gewürznelken und Muskatnüsse, die in Europa teuer gehandelt wurden.

FÜR 2 PERSONEN

2 EL Öl
1 mittelgroße Zwiebel, in feinen Ringen
½ TL Chilipulver
½ TL Senfsamen
½ TL Kurkuma
1 cm Ingwer, fein gewürfelt
1 Aubergine
2 große festkochende Kartoffeln
Zitronen- oder Limettensaft
Salz

1 Aubergine beidseitig kappen, in Würfelchen schneiden. Kartoffeln schälen und in Würfelchen schneiden.

2 Zwiebeln im Öl andünsten, Chili, Senfsamen, Kurkuma und Ingwer zugeben, bei schwacher Hitze unter Rühren andünsten. Temperatur erhöhen, Auberginen und Kartoffeln zugeben, anbraten, bei schwacher Hitze zugedeckt garen, bis die Kartoffeln weich sind. Eventuell wenig Wasser zufügen. Mit Zitronensaft und Salz abschmecken.

Feurig-scharfer Spinat mit Chili

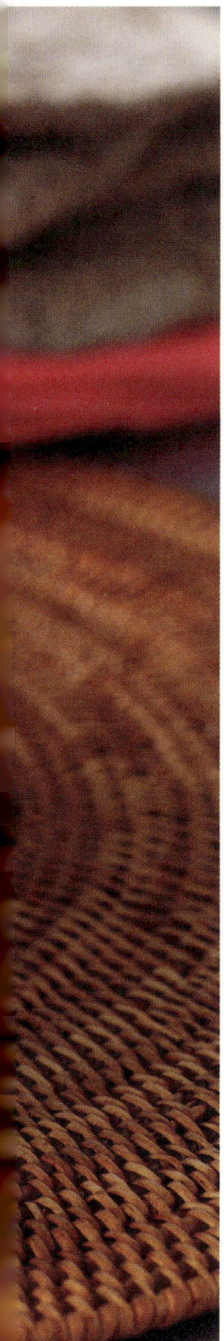

Der scharfe Spinat kommt aus Penang. Ich bereite ihn sehr oft zu!

Mahmuda Fazal, Penang, Malaysia

FÜR 4 PERSONEN

2 EL Öl
1 mittelgroße Zwiebel, fein gewürfelt
3–4 Knoblauchzehen, fein gewürfelt
2½ cm Ingwer, fein gewürfelt
1 kg Winterspinat (krauser Spinat)
½ TL Kurkuma
1–2 grüne Chilis
1 Zitrone, Saft

1 Spinat nach Belieben ganz lassen oder in breite Streifen schneiden.

2 Zwiebeln, Knoblauch und Ingwer im Öl andünsten, Spinat und Kurkuma zugeben, Blattgemüse zusammenfallen lassen, Chilis ganz zugeben, weiterdünsten, bis die Spinatstiele weich sind. Chilis entfernen. Zitronensaft über den Spinat träufeln.

Serviervorschlag Mit heißen Chapatis servieren.

Jeera aloo – Kartoffeln mit Kreuzkümmel

Kartoffeln sind in Indien sehr beliebt und werden ganz unterschiedlich zubereitet. Asafoetida ist ein einzigartiges, sehr aromatisches Harz; es muss davon nur ganz wenig sein. Am besten kaufen Sie es als Klumpen, das ist die reinste Form, aber man bekommt es auch als Pulver. Dhansak masala ist eine wunderbare Gewürzmischung, aber wenn Sie nicht gleich ein Päckchen kaufen wollen, nur um einmal dieses Gericht auszuprobieren, tut es ein anderer indischer Curry oder eine Masala-Mischung genauso. Am besten verwenden Sie eine scharfe Mischung, oder Sie mischen ein milderes Masala mit etwas rotem Chilipulver.

Dinyar Godrej, Rotterdam, Niederlande

FÜR 2 PERSONEN

Öl
500 g festkochende Kartoffeln
1 TL Kreuzkümmelsamen
1 kleine Msp Asafoetida
½ TL Kurkuma
Salz
1 TL Dhansak masala

1 Kartoffeln schälen und in Würfelchen schneiden.

2 Boden einer beschichteten Bratpfanne mit Öl bedecken, Kartoffeln zugeben, mit Kreuzkümmel und Asafoetida bestreuen, Kartoffeln in den Gewürzen wenden, Kurkuma darüberstreuen, salzen. Kartoffeln bei schwacher Hitze braten, bis sie gar und knusprig sind, Dhansak masala zufügen, rühren, weitere 2 Minuten braten.

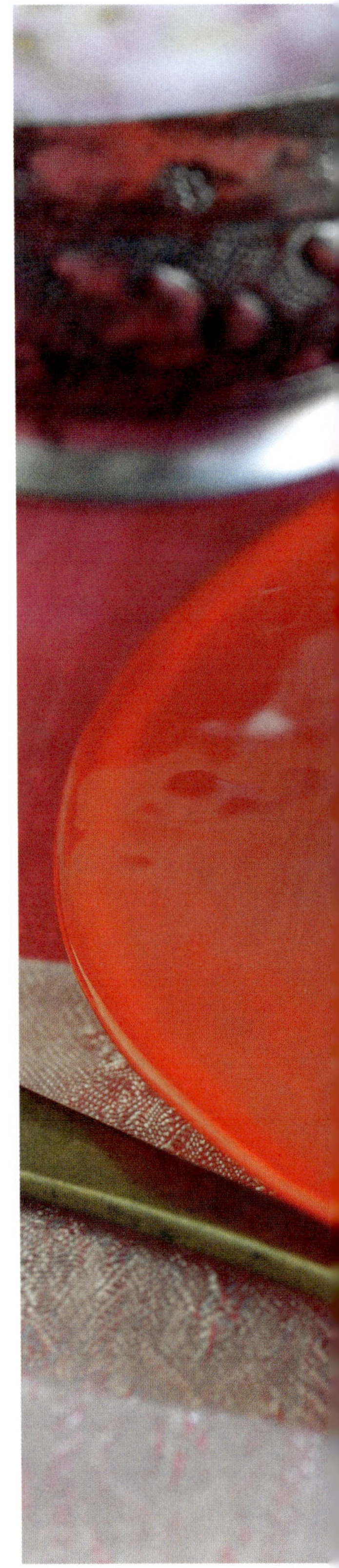

Dressing

Das Dressing mache ich schon seit Jahren, und es ist jedes Mal ein Hit. Es eignet sich sowohl für Salate als auch zu gedämpftem Gemüse und Reis und vielem mehr. Am besten eignen sich Olivenöl extra vergine oder kalt gepresstes Rapsöl. Die Menge des Öls können Sie selber bestimmen.

Lee Bartell, Provincetown, Massachusetts, USA

FÜR 6 PORTIONEN

3 Knoblauchzehen, grob zerkleinert
2½ cm Ingwer, grob zerkleinert
2 EL Zitronensaft
2 EL Sojasauce
2 EL Tahin
Olivenöl extra vergine oder kalt gepresstes Rapsöl

Alle Zutaten mixen.

Linsensalat mit Gemüse und Feta

Es gibt viele Rezepte für Linsensalat. Das hier ist gute Hausmannskost und wird mit Puy-Linsen (kleine grüne Linsen) zubereitet, einer sehr schmackhaften Linsensorte aus Frankreich.

Andrew Hine, London, England

FÜR 4 PERSONEN

2 EL Öl
1 kleine Zwiebel, fein gewürfelt
800 g gemischtes Gemüse, z. B. Karotten, Lauch, Stangensellerie, Kefen/Zuckerschoten, grüne Bohnen, grüner Spargel
200 g Puy-Linsen (kleine grüne Linsen)
1 l Gemüsebrühe
2–3 Lorbeerblätter

Vinaigrette
1 Zitrone, Saft
1 Msp Paprikapulver
1 Msp Cayennepfeffer
Salz
frisch gemahlener Pfeffer
¾ dl/75 ml Olivenöl extra vergine
1–2 Knoblauchzehen, durchgepresst

100 g Fetawürfelchen

1 Karotten schälen und in Scheiben schneiden. Grobfasrige Teile beim Lauch entfernen, Stange in Ringe schneiden. Grobfasrige Teile beim Sellerie abschälen, Stängel in Scheiben schneiden. Stielansatz bei den Kefen abschneiden und gleichzeitig den zähen Faden abziehen. Den Stielansatz bei den Bohnen abschneiden. Beim grünen Spargel unteres Drittel schälen, Stange frisch anschneiden, quer halbieren oder dritteln.

2 In einem großen Topf die Zwiebeln im Öl andünsten, Gemüse mitdünsten, Linsen, Gemüsebrühe und Lorbeerblätter zugeben, aufkochen, bei schwacher Hitze 20 bis 25 Minuten köcheln lassen, bis Linsen und Gemüse weich sind. In einem Sieb abtropfen lassen.

3 Linsen-Gemüse-Potpourri mit der Vinaigrette mischen. 30 Minuten marinieren. Anrichten. Mit Feta garnieren.

Mediterraner Salat

Die Zutaten für diesen Salat gibt es nicht nur in Nordafrika, sondern in allen Mittelmeerländern.

FÜR 4 PERSONEN

2 rote Peperoni/Paprikaschoten
4–6 Tomaten
½ Salatgurke
2 Frühlingszwiebeln, gewürfelt
12 grüne Oliven ohne Stein, in Ringen

Vinaigrette
weißer Balsamico
Olivenöl extra vergine
½ TL Kreuzkümmelpulver
Salz, frisch gemahlener Pfeffer
2 EL gehacktes Korianderkraut

2 hartgekochte Eier, geviertelt
Basilikum für die Garnitur

1 Peperoni halbieren, Stielansatz, Kerne und weiße Rippen entfernen, Schotenhälften in Vierecke schneiden. Stielansatz der Tomaten ausstechen, Tomaten in Schnitze schneiden. Salatgurke längs vierteln, Viertel in Scheiben schneiden.

2 Vinaigrette zubereiten.

3 Sämtliche Zutaten mit der Vinaigrette mischen. Anrichten. Mit Eiervierteln und Basilikum garnieren.

Serviervorschlag Mit Pita-Brot servieren.

Brennnesselnudeln

Harley, das Pferd meines Freundes, und Copper, mein Pferd, müssen etwa alle sechs Wochen beschlagen werden. Roger, ihr Hufschmied, kommt mit der mobilen Schmiede vorbei. Er ist ein großer Naturfreak. Er liebt Survival-Kajakfahren und ernährt sich unter extremen Bedingungen aus der Natur.

FÜR 4 PERSONEN

300 g Mehl
1 EL Salz
3 Eier
3 TL Olivenöl extra vergine
100 g junge Brennnesselspitzen

Olivenöl extra vergine

1 Brennnesseln blanchieren, abgießen, mit kaltem Wasser abschrecken, ausdrücken, grob hacken.

2 Mehl und Salz in einer Schüssel mischen, eine Vertiefung drücken, Eier und Olivenöl in die Vertiefung geben und verquirlen, Mehl mit einer Gabel untermischen, Brennnesseln zugeben, zu einem Teig kneten. 30 Minuten zugedeckt ruhen lassen.

3 Pastateig in 3 bis 4 Portionen teilen und auf leicht bemehlter Arbeitsfläche dünn ausrollen, Nudeln schneiden. Auf Küchentüchern antrocknen lassen.

4 Nudeln in reichlich Salzwasser al dente kochen, abgießen. Mit Olivenöl abschmecken. Anrichten. Sofort servieren.

Rosmarinpesto

Eine köstliche Abwandlung des Klassikers aus Basilikum und Pinienkernen. Nur junge Rosmarintriebspitzen verwenden, weil sie weicher sind.

150 g Cashewkerne
1 EL junge Rosmarinnadeln
2 Knoblauchzehen
2 EL Olivenöl extra vergine
50 g geriebener Parmesan
50 g Naturjoghurt
Salz, frisch gemahlener Pfeffer

Alle Zutaten zu einer nicht zu feinen Paste mixen, mit Salz und Pfeffer abschmecken. In einem Glas mit Schraubverschluss aufbewahren.

Papas a la Huancaína – Peruanische Kartoffeln

Wenn immer ich Peru verließ, bestellte ich am Flughafen meine peruanischen Lieblingsspeisen, ein Eiscreme aus Lucama (südamerikanische Frucht, die häufig zum Aromatisieren von Eiscreme verwendet wird) und Papas a la Huancaína. Meine Mahlzeit bestand somit aus Vorspeise und Dessert, was die Flight Attendants zu befremden schien. Papas a la Huancaína (das Essen in Lima) ist in der kreolischen Küche ein wichtiges Gericht und eine meiner Lieblingsspeisen. Es handelt sich um gekochte Kartoffeln, serviert mit einer Crème aus Käse und Aji (Chili).

Abby Shuler

FÜR 4 PERSONEN

600 g festkochende Kartoffeln

Chili-Frischkäse-Creme
2–4 grüne Chilis
1 EL Zucker
2 Eigelbe
500 g Frischkäse, z. B. Ricotta
Milch
2–3 Zitronen, Saft
1 EL Öl
Salz
frisch gemahlener Pfeffer

Salatblätter
3 hart gekochte Eier
schwarze Oliven
Petersilie

1 Kartoffeln in der Schale im Dampf weichkochen, warm schälen und in Scheiben schneiden.

2 Chilis im leicht gezuckerten Wasser (1 EL) etwa 1 Minute kochen. Schoten aufschneiden und entkernen, mit Eigelb und Frischkäse mixen. Etwas Milch, Zitronensaft und Öl hinzufügen, zu einer cremigen Sauce mixen, abschmecken.

3 Salatblätter auf Teller verteilen, Kartoffeln darauflegen, mit der Frischkäsecreme überziehen. Mit Eiern, Oliven und Petersilie garnieren.

Kartoffelsalat mit Bohnen und Oliven

FÜR 4 PERSONEN

600–700 g festkochende Kartoffeln
Öl zum Braten

2 Handvoll grüne Bohnen

100 g Kalamata-Oliven ohne Stein, in Ringen

Sauce
5 EL Olivenöl extra vergine
4 EL süßlicher Balsamico
1–2 EL Zitronensaft
Salz
frisch gemahlener Pfeffer

1 Kartoffeln schälen und in Würfelchen schneiden, im Dampf weich garen.

2 Den Stielansatz bei den Bohnen entfernen, Bohnen im Dampf knackig garen, mit kaltem Wasser abschrecken, je nach Größe halbieren.

3 Kartoffelwürfelchen in einer Bratpfanne im Öl goldbraun braten.

4 Kartoffelwürfelchen, Bohnen und Oliven mit der Sauce mischen.

Aromatisches Kartoffelpüree mit Oliven

Dieses griechische Gericht aßen wir häufig, wenn wir Verwandte in Thessaloniki besuchten.

Michael York und Denise Salambasis, Oxford, England

FÜR 4 PERSONEN

500 g mehligkochende Kartoffeln
2–3 Knoblauchzehen
1–2 Zitronen, Saft
0,6 dl / 60 ml Olivenöl
Salz
2–4 EL gehackte Petersilie
entsteinte schwarze Oliven, in Ringen

Zitronenschnitze

Kartoffeln schälen und zerkleinern, im Dampf weichgaren, durch das Passevite / die Flotte Lotte drehen. Knoblauch dazupressen, mit Zitronensaft und Olivenöl kräftig unterrühren, Püree mit Salz abschmecken. In Suppentellern anrichten. Mit Petersilie und Oliven garnieren. Zitronenschnitze dazulegen.

Tipp Das aromatische Kartoffelpüree kann man auch gekühlt servieren.

Überbackene Peperoni mit Tomaten

Rotes Gemüse setzt Farbtupfer. Und dann noch der Duft des überbackenen Sommergemüses – unschlagbar!

FÜR 4 PERSONEN

4 rote Peperoni/Paprikaschoten
4 Fleischtomaten, geviertelt
2 Knoblauchzehen
2 TL getrockneter Oregano
1–2 EL gehackte Petersilie
Olivenöl extra vergine
Salz
frisch gemahlener Pfeffer

1 Backofen auf Grillstufe vorheizen.

2 Ganze Peperoni auf ein Backblech legen, in der Mitte in den Backofen schieben, Peperoni unter zeitweiligem Wenden grillen, bis die Haut dunkel ist. Aus dem Ofen nehmen. Peperoni unter einem feuchten Tuch erkalten lassen. Haut abziehen, Schoten halbieren, Stielansatz und Kerne entfernen, Peperoni in breite Streifen schneiden.

3 Backofen auf 200 °C zurückschalten.

4 Peperoni und Tomatenviertel in eine Gratinform verteilen. Durchgepressten Knoblauch darüber verteilen, Oregano und Petersilie darüberstreuen, mit Olivenöl beträufeln, abschmecken mit Salz und Pfeffer.

5 Die Gratinform in den Ofen schieben, Gemüse bei 200 °C 15 bis 20 Minuten backen. Warm oder kalt servieren.

Süßkartoffel-Kichererbsen-Salat

Dieses Rezept erinnert mich an entspannte Sommer in Neuseeland. Der Salat passt perfekt zu einer Grillparty. Ich habe das von meiner Schwester abgewandelte Rezept quasi als Familien-Souvenir nach Großbritannien mitgenommen.

Der Salat sättigt wunderbar und ist ideal für eine sommerliche Mahlzeit. Er schmeckt warm und kalt.

Rebecca Sinclair, Neuseeland

FÜR 4 PERSONEN

4 Süßkartoffeln, vorzugsweise rotschalige
4 EL Öl
2 TL Kreuzkümmelsamen
2 EL flüssiger Honig

2 EL Öl
2 Knoblauchzehen, fein gewürfelt
½ TL Kreuzkümmelpulver
½ TL Zimtpulver
2 rote Peperoni/Paprikaschoten
1 Handvoll getrocknete Tomaten, gewürfelt
1 Dose (400 g) Kichererbsen, abgetropft

2 EL trocken geröstete Pinienkerne
Koriander für die Garnitur

1 Backofen auf Grillstufe vorheizen.

2 Ganze Peperoni auf ein Backblech legen, in der Mitte in den Backofen schieben, unter zeitweiligem Wenden grillen, bis die Haut dunkel ist. Aus dem Ofen nehmen. Peperoni unter einem feuchten Tuch erkalten lassen. Haut abziehen, Schoten halbieren, Stielansatz und Kerne entfernen, Peperoni in breite Streifen schneiden.

3 Backofen auf 180 °C zurückschalten.

4 Öl, Kreuzkümmelsamen und Honig verrühren. Süßkartoffeln waschen, mit Schale in etwa 3 mm dicke Scheiben schneiden, mit der Marinade gut mischen. Auf ein mit Backpapier belegtes Blech verteilen. In der Mitte in den Ofen schieben und bei 180 °C 20 Minuten braten.

5 Für die Peperoni Öl erwärmen, Knoblauch, Kreuzkümmel und Zimt zugeben, dünsten, bis die Gewürze duften. Peperoni, Tomaten und Kichererbsen zugeben, erhitzen.

6 Peperoni-Kichererbsen-Mix und Süßkartoffeln auf Tellern anrichten. Pinienkerne darüberstreuen, mit Koriander garnieren.

Salsa

Das spanische Wort «Salsa» heißt nicht nur «Sauce», es wird auch für den Salsa-Tanz im Sinn von «Geschmack» oder «Stil» verwendet. Meistens beschreibt es die für die mexikanische Küche typische Schärfe. Die Sauce besteht in der Regel aus Peperoni, Zwiebeln, Tomaten, Knoblauch, Koriander, Öl und Essig. Die Zutaten für die Salsa können selbstverständlich variiert werden.

1 rote Zwiebel, grob zerkleinert
3 Knoblauchzehen, grob zerkleinert
1 rote Chili
1 Dose (400 g) Tomaten
1 rote Peperoni / Gemüsepaprika
1 Handvoll Korianderkraut
Zitronen- oder Limettensaft
Salz
frisch gemahlener Pfeffer
Olivenöl extra vergine

1 Chili aufschneiden, Kerne entfernen, Schotenhälften in Streifchen schneiden. Stielansatz der Tomaten ausstechen. Peperoni halbieren, Stielansatz, Kerne und weiße Rippen entfernen, Schotenhälften zerkleinern.

2 Zutaten inklusive Korianderkraut mixen / pürieren, mit Zitronensaft, Salz und Pfeffer würzen. So viel Olivenöl unterrühren, dass die Sauce die Konsistenz von Ketchup bekommt.

Tipp Salsa in eine Flasche mit Schraubverschluss füllen, kühl aufbewahren.

AUSTRALIEN

Süße Chilisauce

Das erste Mal bereitete ich dieses Rezept als mittelloser Student zu. Im Hochsommer sind Chilis, Knoblauch, Galgant und Ingwer am günstigsten. Mit etwas Geld für die Zutaten und einigen Stunden Arbeit in der Küche hatte ich für ein paar Monate Chilisauce. Ein weiterer Vorteil ist, dass man mit einer Flasche voll köstlicher süßer Chilisauce im Falle eines Falles sogar ein nettes Geschenk hat. Leergutflaschen mit Bügelverschluss sind ideal für die Vorratshaltung.

Adam Henderson, Sydney, Australien

100 g rote Chilis
200 g Sultaninen
2 EL fein gewürfelter Galgant oder Ingwer
8 Knoblauchzehen, grob zerkleinert
3 EL Sojasauce
2 dl / 200 ml Wasser
3 dl / 300 ml Apfelessig
250 g Rohrohrzucker

1 Chilis aufschneiden, Kerne entfernen, Schotenhälften grob zerkleinern.

2 Chilis, Sultaninen, Galgant, Knoblauch, Sojasauce und Wasser pürieren / mixen.

3 Das Chilipüree mit Essig und Zucker unter Rühren aufkochen, unter zeitweiligem Rühren köcheln lassen, bis die Sauce eingedickt ist.

4 Die heiße Chilisauce in Flaschen mit Bügel- oder Schraubverschluss füllen, sofort verschließen.

Wichtig Die Chilisauce entfaltet erst durch die Lagerung ihr volles Aroma.

Warmer Gurkensalat

In Südostasien gibt es zahlreiche Abwandlungen dieses Salates. Die gerösteten Sesamsamen geben ihm einen ausgeprägt nussigen Geschmack.

FÜR 4 BIS 6 PERSONEN

1–2 Salatgurken
1,2 dl/120 ml Weißwein- oder Apfelessig
½ dl/50 ml Wasser
1 Msp Salz
2 TL Sesamöl
1 Zwiebel, in sehr feinen Scheiben
2 Knoblauchzehen, in sehr feinen Scheiben
1 TL Kurkuma
1–2 TL Zucker

2 EL Sesamsamen

1 Die Gurken schälen, in 5 cm lange Stücke und diese in Stäbchen schneiden.

2 Gurken, Weißweinessig, Wasser und Salz aufkochen, Gurken bei schwacher Hitze knackig kochen, was lediglich 1 bis 2 Minuten dauert. Gurken mit einem Schaumlöffel herausnehmen und in eine Salatschüssel geben. Den Fond aufbewahren.

3 Sesamsamen in einer Bratpfanne ohne Fett hellbraun rösten. Herausnehmen und beiseite stellen.

4 1 TL Sesamöl in einer Bratpfanne erhitzen, Zwiebeln darin goldgelb dünsten, Knoblauch kurz mitdünsten. Pfanne von der Wärmequelle nehmen. Restliches Sesamöl, Kurkuma, Zucker sowie die Hälfte des Gurkenfond zugeben und bei schwacher Hitze köcheln, bis sich der Zucker aufgelöst hat. Zwiebeln zugeben, erhitzen, mit Salz abschmecken. Sauce zu den Gurken geben. Kann warm oder kalt serviert werden. Sesamsamen darüberstreuen.

Spinat mit Ingwer

Als Kind hat mir meine Mutter immer wieder gesagt, wie gesund dieses Gericht sei. Die Zubereitung ist denkbar einfach. Gut dazu passen Jasmin- oder Basmati-Reis.

Jenny Ai-Ling Lo, Penang, Malaysia

FÜR 4 PERSONEN

2–3 EL Erdnuss- oder Olivenöl extra vergine
4 EL fein gewürfelter Ingwer
1 Spritzer Sojasauce
800 g erntefrischer Spinat
1 Msp Chilipulver oder ½ TL gehackte frische Chili
frisch gemahlener Pfeffer

Einen Wok kräftig aufheizen, Öl zugeben und erhitzen, bis es raucht, Ingwer zugeben und 12 bis 15 Sekunden pfannenrühren, bis er knapp gar ist, Sojasauce und Spinat zugeben, pfannenrühren, bis der Spinat zusammengefallen ist, mit Chili und Pfeffer abschmecken.

Stielmangold mit Kartoffeln und Tomaten

FÜR 4 PERSONEN

2–3 EL Öl
800 g Stielmangold / Krautstiele
2 festkochende Kartoffeln
2 Knoblauchzehen, in feinen Scheiben
3–4 kleine Tomaten, geviertelt
½ TL Kreuzkümmelpulver
Salz
frisch gemahlener Pfeffer

1 Stielmangoldkraut abschneiden und in breite Streifen schneiden. Grobfasrige Teile der weißen Stängel entfernen, indem man die Fasern mit dem Sparschäler abzieht, Stängel quer in etwa 3 cm breite Streifen schneiden.

2 Kartoffeln schälen, in Würfelchen schneiden.

3 Kartoffeln und Mangoldstücke im Dampf etwa 5 Minuten garen.

4 In einer Bratpfanne das Öl erhitzen, Kartoffeln, Mangoldstücke und Knoblauch bei mäßiger Hitze rührbraten, bis die Kartoffeln weich sind. Tomaten und Mangoldkraut zugeben und weiterbraten, bis das Kraut zusammengefallen ist, mit Kreuzkümmel, Salz und Pfeffer würzen.

Karotten-Kartoffel-Flan

Für den Gemüseflan eignen sich auch andere Gemüse, beispielsweise Knollensellerie, Kohlrabi, Pastinaken, Süßkartoffeln. Mit Reis oder Brot und Blattsalat bekommt man eine sättigende Mahlzeit.

FÜR 4 PERSONEN

2 EL Öl
1 große Zwiebel, gewürfelt
300 g Pfälzer Rüben
300 g Karotten
1 Msp Kurkuma
Salz
frisch gemahlener Pfeffer

300 g mehlig kochende Kartoffeln
1 Knoblauchzehe
½ TL Korianderpulver
2 EL gehackte Petersilie
Salz
frisch gemahlener Pfeffer

Rahm/Sahne

1 EL fein geschnittener Schnittlauch

1 Pfälzer Rüben und Karotten schälen und in Würfelchen schneiden. Zwiebeln im Öl andünsten, Pfälzer Rüben, Karotten und Kurkuma mitdünsten, wenig Wasser zugeben, mit Salz und Pfeffer würzen, köcheln, bis das Gemüse gar ist. Gemüse mit wenig Rahm pürieren.

2 Kartoffeln schälen und in Würfelchen schneiden, im Dampf weich garen. Entweder durch das Passevite / die Flotte Lotte drehen oder mit dem Kartoffelstampfer zerstampfen, wenig Rahm unterrühren. Mit durchgepresstem Knoblauch, Koriander, Petersilie, Salz und Pfeffer würzen.

3 Backofen auf 220 ° C vorheizen.

4 Eine Gratinform oder vier Portionenformen gut einfetten. Zuerst Karotten-, dann Kartoffelpüree einfüllen, glattstreichen. Mit wenig Öl beträufeln

5 Gratinform / Förmchen in der Mitte in den Ofen schieben und bei 220 °C 15 Minuten backen. Vor dem Servieren mit Schnittlauch bestreuen.

Wintersalat

Dieser Salat enthält Gemüse, von dem das meiste noch im Dezember im Boden ist. Fenchel gehört nicht dazu, für ihn ist der Dezember schon zu spät. Winterrettich ist nicht so scharf wie Sommerrettich und passt deshalb gut zu diesem Gericht. Der Salat schmeckt am besten warm. Lassen Sie ihn vor dem Servieren nach Möglichkeit 30 Minuten durchziehen.

FÜR 4 PERSONEN

400g kleine rohe Randen/Rote Beten
2 Winterrettiche
1 große rote Zwiebel, in feinen Ringen
2 kleine Fenchel
1 rotbackiger Apfel

Vinaigrette
2EL Essig
2EL Honig oder Zucker
2EL kochendes Wasser
6EL kalt gepresstes Rapsöl
Salz
frisch gemahlener Pfeffer

1 Die Randen im Dampf etwa 30 Minuten kochen, bis sie weich sind. Abkühlen lassen. Randen schälen und in Scheiben schneiden.

2 Rettiche schälen und in Scheiben schneiden. Grobfasrige Teile beim Fenchel mit dem Sparschäler entfernen. Fenchel quer in möglichst feine Scheiben schneiden. Apfel ungeschält vierteln, entkernen, Apfelviertel in feine Schnitze schneiden.

3 Vinaigrette zubereiten. Gemüse und Früchte zugeben. Gut mischen. 30 Minuten marinieren.

SÜSSES & DRINKS

Bananenkuchen

Der Bananenanbau ist in vielen Gebieten rund um den Erdball eine wichtige Einnahmequelle, so in Lateinamerika, in der Karibik, in Westafrika und auf den Philippinen. Der größte Bananenexporteur der Welt ist Ecuador.

FÜR EINE SPRINGFORM VON 20 CM DURCHMESSER

200 g Weißmehl
1 Briefchen phosphatfreies Backpulver
1 Prise Salz
1 TL Zimtpulver
170 g Rohrohrzucker
50 g weiche Butter
3 Eier
3 reife Bananen, mit der Gabel zerdrückt
3 EL Sultaninen
2 EL gehackte Baumnuss-/Walnusskerne

1 Backofen auf 180 °C vorheizen. Den Boden der Backform mit Backpapier belegen, den Rand mit Butter einfetten.

2 Mehl, Backpulver, Salz und Zimt mischen.

3 Zucker, Butter und Eier rühren, bis sich der Zucker aufgelöst hat und die Masse von cremiger Konsistenz ist. Mehl und zerdrückte Bananen nach und nach unterrühren. Sultaninen und Nüsse unterrühren. Teig in die Form füllen und glattstreichen.

4 Die Kuchenform auf der zweituntersten Schiene in den Ofen schieben, Bananenkuchen bei 180 °C 40 bis 45 Minuten backen. Backprobe: ein eingestecktes Holzstäbchen muss sauber bleiben. Den Bananenkuchen in der Form abkühlen lassen. Ring entfernen.

Fruchtiger Mascarponekuchen

Limetten und Ingwer – das ist Karibik pur. Dieser Kuchen ist bei uns zu Hause sehr beliebt. Am besten Fair-Trade-Ingwerguetzli verwenden. Besonders hübsch sieht der Kuchen aus, wenn man ihn mit geriebener Zartbitter-Schokolade dekoriert.

Sarah Poulter, Brighton, England

FÜR EINE KLEINE SPRINGFORM

250 g Ingwerguetzli
60 g Butter
2 EL Puderzucker
2 Limetten, fein abgeriebene Schale und Saft
500 g Mascarpone
fein geriebene Zartbitter-Schokolade

1 Ingwerguetzli in einen Plastikbeutel legen und mit dem Nudelholz zerbröseln.

2 Butter schmelzen, mit den zerbröselten Ingwerguetzli mischen.

3 Springformring auf eine Tortenplatte legen. Guetzlimasse in die Form füllen und glattstreichen. 30 Minuten kühl stellen.

4 Puderzucker, Limettensaft und die Hälfte der Limettenschale unter den Mascarpone rühren, auf dem Guetzliboden verstreichen. Etwa 30 Minuten kühl stellen.

5 Springformring entfernen. Mascarponekuchen mit restlicher Limettenschale und Zartbitterschokolade dekorieren.

Crunchy Crumble – Früchte mit Streuseln

Sie können eine beliebige Mischung von Früchten verwenden, je nach Saison. Ich habe am liebsten Äpfel und Brombeeren oder Äpfel und Quitten.

Ich habe die Hälfte des Mehls durch Vollkornhaferflocken ersetzt. Geriebene Mandeln und Haselnüsse oder gehackte Baumnuss- / Walnusskerne eignen sich ebenfalls.

Helen Beinart, Oxford, England

FÜR 6 PERSONEN

800 g reife Äpfel
150 g Brombeeren

Streusel
100 g Vollkornmehl
100 g Vollkornhaferflocken
100 g Rohrohrzucker
90 g kalte Butterstückchen

Zimtpulver

1 Backofen auf 190 °C vorheizen.

2 Für die Streusel Mehl, Flocken und Zucker mischen. Butterstückchen mit der Flockenmasse krümelig reiben.

3 Äpfel ungeschält vierteln, entkernen, Apfelviertel in Scheiben schneiden, in eine eingefettete Pie- / Gratinform schichten und Brombeeren dazwischenlegen. Streuselmasse darüberreiben. Mit Zimt bestreuen.

4 Die Gratinform in der Mitte in den Ofen schieben, Gratin bei 190 °C 40 bis 45 Minuten überbacken.

Serviervorschlag Mit Schlagrahm / -sahne oder Sauerrahm / saurer Sahne servieren.

Tiramisù

Selbstgemachte Löffelbiskuits sind den Arbeitsaufwand wert. Im Gegensatz zu gekauften sind sie weniger süß, sie haben aufgrund des hohen Eieranteils eine ganz andere Konsistenz und schmecken viel besser.

FÜR 4 BIS 6 PERSONEN

Löffelbiskuits (36 Stück)
5 Eier, getrennt
1 TL Vanillepulver
160 g feiner Zucker
1 Prise Salz
125 g Weißmehl
40 g Kartoffel- oder Maisstärke

Puderzucker zum Bestäuben

Zabaionecreme
2 Eigelbe
2 EL Marsala
5 EL feiner Zucker
3 dl/300 ml Rahm/Sahne
250 g Mascarpone

1½ dl/150 ml Espresso

100 g geriebene Zartbitter-Schokolade

1 Backofen auf 190 °C vorheizen. Zwei große Backbleche mit Backpapier belegen.

2 Für die Löffelbiskuits Eigelbe, Vanillepulver und die Hälfte des Zuckers in einer Schüssel zu einer cremigen, luftigen Masse aufschlagen. Eiweiß und Salz in einer separaten Schüssel steif schlagen, den restlichen Zucker unterschlagen. Eischnee behutsam unter die Eigelbmasse heben, Mehl und Kartoffelstärke darübersieben und ebenfalls behutsam unterheben. Teig in einen Spritzbeutel mit einer ca. 13 mm großen, glatten Tülle füllen. Mit genügend Abstand etwa 8 cm lange Streifen auf das Backpapier spritzen. Backblech in der Mitte in den Ofen schieben, die Löffelbiskuits bei 190 °C etwa 15 Minuten backen. Auf einem Rost abkühlen lassen.

3 Für die Zabaionecreme Eigelbe, Marsala und Zucker in einer Schüssel über dem kochenden Wasser zu einer luftigen, cremigen Masse aufschlagen. Die Schüssel beiseite stellen und die Zabaione unter Rühren abkühlen lassen. Rahm steif schlagen, mit dem Mascarpone glattrühren, unter die Zabaione heben.

4 Boden einer Gratinform oder einer anderen rechteckigen Form mit Löffelbiskuits bedecken, Biskuits mit Espresso beträufeln, diese mit Zabaionecreme bedecken, wieder eine Lage Löffelbiskuits, mit Espresso beträufeln, mit der restlichen Zabaionecreme bedecken. Reichlich Schokolade darüber verteilen. Einige Stunden kühl stellen

Holunderblütengetränk

Holunderblütendolden am besten morgens bei Sonnenschein pflücken. Blütendolden auf Fremdlinge (Ungeziefer) kontrollieren.

4 l kochendes Wasser
600 g Zucker
6 Holunderblütendolden
1 unbehandelte Zitrone, ausgepresst
1 unbehandelte Zitrone, in Scheiben
2 EL milder Weißweinessig

1 Zucker in eine große Schüssel geben, kochendes Wasser dazugießen, Zucker auflösen. Ein wenig abkühlen lassen. Holunderblütendolden, Zitronenscheiben, Zitronensaft sowie Weißweinessig zugeben. Zugedeckt 24 Stunden stehen lassen.

2 Den Schüsselinhalt durch ein Mull- / Baumwolltuch gießen.

3 Das Holunderblütengetränk in Flaschen mit Schraubverschluss füllen. Im Kühlschrank oder im kühlen Keller lagern. Das Getränk ist in 3 bis 7 Tagen reif, also trinkfertig.

Gaajar Halwa – Karottendessert

Ich erinnere mich, dieses Dessert in kalten Wintern in New Delhi gegessen zu haben. Gaajar Halwa schmeckt köstlich!

Radhika Viswanathan, Bangalore, Indien

FÜR 4 BIS 6 PERSONEN

50 g geriebene Karotten
2 dl/200 ml Rahm/Sahne
2 Pfefferkörner
2 Gewürznelken
2–3 EL Zucker
je 1 TL Zimt-, Muskatnuss- und Nelkenpulver
2 EL Ghee oder Öl

1 EL Ghee oder Öl
1 EL Sultaninen oder Rosinen
50 g Pistazien oder Cashewkerne, gehackt
je 1 TL Zimt-, Muskatnuss- und Nelkenpulver

1 Karotten, Rahm, Pfefferkörner und Gewürznelken aufkochen, bei schwacher Hitze unter zeitweiligem Rühren köcheln lassen, bis die Karotten den Rahm aufgesogen haben, was rund 25 Minuten dauert. Gewürze entfernen. Zucker unterrühren.

2 In einer zweiten Pfanne Sultaninen, Nüsse und Gewürze im Ghee einige Minuten rührbraten, bis die Nüsse leicht braun sind. Beiseite stellen.

3 Karotten und Gewürze im Ghee anbraten. Sie bekommen eine kräftige rotbraune Farbe. Nüsse und Rosinen unter die Karotten rühren.

Tipp Das Karottendessert kann heiß oder kalt gegessen werden, pur oder mit Eiscreme.

Stachelbeercreme

Dies ist eines meiner liebsten Sommerdesserts. Bei uns wachsen die Stachelbeeren im Garten. Ich mag sie als Dessert und als aromatische Konfitüre. Die Arbeit lohnt sich in jedem Fall!

FÜR 4 PERSONEN

900 g Stachelbeeren
Zucker nach Belieben
2–4 EL Rahm/Sahne
oder griechischer Joghurt

1 Stachelbeeren oben und unten kappen, also Blüten- und den Stielansatz abschneiden.

2 Den Boden eines schweren Kochtopfes mit Wasser bedecken, Stachelbeeren zugeben, bei schwacher Hitze kochen (bei zu hoher Hitze brennen die Beeren an), bis sie weich sind. Flüssigkeit abgießen (mit Zucker gesüßt, bekommt man ein feines Getränk). Stachbelbeeren abkühlen lassen.

3 Stachelbeeren pürieren. Nach Belieben mit Zucker süßen. So viel Rahm oder Joghurt unterrühren, dass man ein cremiges Kompott bekommt. Kühl stellen.

Serviervorschlag Mit Schlagrahm oder griechischem Joghurt und Guetzli servieren.

RUSSLAND

Grandma-Kuchen

Dieses Dessert gibt es in meiner Familie seit drei Generationen, es stammt von meiner russischen Großmutter.

Lee Bartell, Provincetown, Massachusetts, USA

FÜR EINE SPRINGFORM VON 24 CM DURCHMESSER

100 g weiche Butter
120 g Zucker
2 Eier, verquirlt
300 g Vollkornmehl
280 g Rosinen
2 TL Natron
½ l kochendes Wasser

1 Handvoll gehackte Nüsse und/oder geraffelte Schokolade

1 Rosinen am Vorabend mit dem Natron bestreuen und mit dem kochenden Wasser übergießen, quellen lassen.

2 Backofen auf 170 °C vorheizen. Den Boden der Springform mit Backpapier belegen, Rand mit Butter einfetten.

3 Butter und Zucker zu einer cremigen, luftigen Masse aufschlagen. Zuerst Eier, dann Mehl unterrühren. Einweichwasser der Rosinen zugeben, einen weichen Teig kneten, Rosinen untermischen. Den Teig in die Form füllen. Nüsse und / oder Schokolade darüberstreuen.

4 Die Form auf der zweituntersten Schiene in den Backofen schieben, Kuchen bei 170 °C 45 bis 50 Minuten backen.

5 Grandma-Kuchen in der Form 10 bis 15 Minuten abkühlen lassen, Ring entfernen, Kuchen auf einem Kuchengitter auskühlen lassen.

Haroset-Konfekt

Das jüdisch-marokkanische Konfekt wird oft während des Passahfestes serviert. Die «rohen» Kugeln lässt man vor Verzehr im Kühlschrank einige Stunden ruhen. Die Nüsse können beliebig ausgetauscht werden; auch eine Mischung ist möglich.

350 g entsteinte getrocknete Datteln
75 g Sultaninen
75 g Rosinen
75 g Baumnuss-/Walnusskerne
1 Msp Zimtpulver
1–2 EL Portwein oder Marsala

1 Alle Zutaten im Cutter / Mixer nicht zu fein mixen. Eventuell braucht es noch mehr Portwein, damit die Masse bindet.

2 Ein Backblech mit Backpapier belegen.

3 Die klebrige Fruchtmasse mit einem Esslöffel portionieren, Kugeln formen. Kugeln auf das Backpapier legen. Etwa 2 Stunden kühl stellen.

Ho-ddeock – Zimtbrötchen

Ho-ddeock waren in Korea früher vor allem im Winter beliebtes Streetfood. Heute ist diese Köstlichkeit praktisch das ganze Jahr erhältlich. Es handelt sich um ein frittiertes Hefegebäck mit klebrigem Zimt-Zucker-Innenleben.

Gwangju International Center, von Jacob Lotinga, Gwangju, Südkorea

FÜR 6 STÜCK

100 g Mehl
1 Prise Salz
5 g Frischhefe
1 TL weißer Zucker
2 EL Wasser
6 EL Milch

Füllung
1–2 TL Zimtpulver
5 EL Rohrohrzucker

Erdnussöl zum Frittieren

1 Mehl und Salz in einer Schüssel mischen, eine Vertiefung drücken. Hefe, Zucker und Wasser in die Vertiefung geben und glattrühren, ein wenig Mehl darüberstäuben, Vorteig 15 Minuten gehen lassen. Milch zufügen, alles zu einem glatten Teig kneten. Hefeteig zugedeckt 2 Stunden gehen lassen.

2 Den Teig in 6 Portionen teilen, Kugeln formen. Ein wenig Öl auf die Handfläche geben. Kugel auf der Handfläche flach drücken. 1 EL Zimtzucker in die Mitte geben, den Rand zusammendrücken und den Teig mit beiden Händen rund formen.

3 Erdnussöl in einem Brattopf erhitzen. Ho-ddeock einzeln in den Topf geben, mit der Bratschaufel flach drücken, goldbraun frittieren. Hefegebäck auf Küchenpapier abtropfen lassen. Warm stellen.

Irischer Barm Brack – Früchtecake

Ist das ein Brot? Ist das ein Kuchen? Auf jeden Fall kann der köstliche Früchtecake aus Irland bei vielen Gelegenheiten serviert werden. Das Rezept stammt von meiner Mutter, die in Indien geboren wurde und sich später in Belfast niederließ.

FÜR EINE KLEINE CAKEFORM

200 g Weißmehl
1 TL phosphatfreies Backpulver
1 Msp Salz
1 Ei
wenig Milch
230 g gemischte Trockenfrüchte, je nach Größe zerkleinert
100 g Rohrohrzucker
2 dl/200 ml kalter Schwarztee

1 Trockenfrüchte, Zucker und Tee in einer Schüssel mischen, über Nacht stehen lassen.

2 Backofen auf 150 °C vorheizen. Cakeform mit Butter einfetten, mit Mehl ausstäuben.

3 Mehl, Backpulver und Salz in einer Schüssel mischen, Ei und ein wenig Milch unterrühren, Trockenfrüchte samt Flüssigkeit unterrühren. Teig in die Form füllen.

4 Die Form in der Mitte in den Ofen schieben, Früchtecake bei 150 °C 1 Stunde backen lassen. Cake 10 bis 15 Minuten in der Form ruhen lassen. Herausnehmen, auf einem Kuchengitter auskühlen lassen.

Mandarinentorte

Eine unserer Töchter bäckt und kocht fürs Leben gern. Das hier ist ihr Lieblingsdessert, das sie für die ganze Familie zubereitet. Und natürlich essen wir es sehr, sehr gern.

Henriette Faber, Kelowna, British Columbia, Kanada

FÜR EINE SPRINGFORM VON 24 CM DURCHMESSER

200 g Mehl
220 g Zucker
½ TL Salz
2 TL Natron
2 TL Vanillezucker
4 Eiweiß
1 Dose (400 g) Mandarinenschnitze, abgetropft (Saft auffangen)

Puderzucker
Minze

1 Den Backofen auf 180 °C vorheizen. Den Boden der Springform mit Backpapier belegen. Den Rand mit Butter einfetten.

2 Mehl, Zucker, Salz, Natron und Vanillezucker mischen, zuerst Eiweiß, dann Mandarinenschnitze (einige für die Garnitur zurückbehalten) unterrühren. Wenn der Teig trocken ist, ein wenig Mandarinensaft unterrühren. In die Form füllen.

3 Mandarinentorte auf zweitunterster Schiene in den Backofen schieben und bei 180 °C 40 Minuten backen.

4 Torte in der Form ein paar Minuten ruhen lassen. Den Ring entfernen, Torte auf dem Kuchengitter auskühlen lassen. Torte mit Puderzucker bestäuben, garnieren mit Mandarinenschnitzen und Minze.

Orangenmarmelade

Die Orangenmarmelade darf auf keinem englischen Frühstückstisch fehlen. Hergestellt wird sie aus Früchten, die aus dem sonnigen Sevilla in Südspanien kommen. Nach dem Buch «Taste» von Kate Colquhoun waren Quittenpasten die Vorläufer von Marmelade («marmelo» ist portugiesisch und bedeutet «Quitte»). Im 17. Jahrhundert zählte Rebecca Price, Autorin von «The Compleat Cook», zu den ersten, welche Orangenmarmelade zubereiteten. Ich erinnere mich, dass während meiner Jugendzeit die Orangen jeweils im Januar angeliefert wurden. Die Küche war dann jeweils erfüllt vom schweren Duft der kochenden Orangenmarmelade.

1 kg Sevilla-Bitterorangen
1 unbehandelte Zitrone
1½ l Wasser
2 kg Zucker
2 TL dunkler Rübensirup

1 Bitterorangen waschen, die kleinen nabelähnlichen Stellen beim Stielansatz ausstechen. Ganze Orangen und Zitronen mit dem Wasser in einem großen Kochtopf aufkochen und bei schwacher Hitze zugedeckt 2 Stunden köcheln lassen, bis die Früchte weich sind. Herausnehmen und auskühlen lassen. Garflüssigkeit aufbewahren.

2 Ausgekühlte Orangen quer halbieren, Fruchtfleisch und Kerne aus der Schale lösen, in den Topf geben, 5 bis 10 Minuten kochen, damit mehr Pektin herausgelöst wird, wodurch die Orangenmarmelade besser geliert. Topfinhalt durch ein Sieb passieren, die Flüssigkeit auffangen und 1½ l abmessen.

3 Die Fruchtschalen in Streifen schneiden, mit abgemessener Flüssigkeit, Zucker und Rübensirup in den Topf zurückgeben, unter Rühren langsam erhitzen, bis sich der Zucker aufgelöst hat, Marmelade 15 bis

20 Minuten sprudelnd kochen. Geliertest: 1 EL Orangenmarmelade auf einen kalten Teller geben und einige Sekunden abkühlen lassen, nun sollte die Masse erstarrt sein. Andernfalls die Marmelade weiterkochen, nochmals eine Gelierprobe machen. Die kochendheiße Marmelade in vorgewärmte Gläser mit Schraubverschluss füllen, sofort verschließen. Abkühlen lassen. Gläser an einem kühlen, dunklen Ort aufbewahren.

Mojito

Der klassische kubanische Cocktail schmeckt wunderbar an einem heißen Sommerabend. Nach Belieben mehr oder weniger Sodawasser nehmen.

FÜR 2 COCKTAILS

½–1 TL Zucker
1 EL Limettensaft
4 EL Sodawasser
4 EL weißer Rum
fein zerstoßenes Eis
2 Minzezweiglein

Zucker und Limettensaft in ein Glas geben. Ein wenig Sodawasser dazugeben, Zucker unter Rühren auflösen. Rum, Eis und Sodawasser zugeben. Mit Minze garnieren.

Daiquiri – Rumdrink

Ein heißer Sommertag, Lust auf einen kühlenden Drink: dieser köstliche Cocktail hat zudem noch das verführerische Aroma reifer Himbeeren. Sie können auch andere Früchte wie Erdbeeren, Pfirsiche oder Ananas nehmen. Für einen Longdrink mehr Saft verwenden oder mehrere Portionen zubereiten.

FÜR 3 COCKTAILS

125 g Himbeeren
2½ dl/250 ml Ananassaft
1,2 dl/120 ml Rum
12 Eiswürfel
2–3 TL Zucker

Minze für die Garnitur

1 Himbeeren pürieren und durch ein Sieb streichen.

2 Alle Zutaten mixen. In Gläser füllen. Mit der Minze dekorieren.

Apfelpunsch

Dieser Punsch bringt ultimativ die Wärme zurück nach einem «frostigen» Spaziergang oder sportlichen Aktivitäten in der Kälte.

FÜR 4 BIS 6 PERSONEN

2 l Apfelwein
3 Äpfel, in Scheiben
2 Orangen, in Scheiben
1 unbehandelte Zitrone, Schale und Saft
8 Gewürznelken
2 Zimtstangen
wenig Ingwer, geschält
1 Msp Pimentkörner
6 EL Rohrohrzucker

1 Äpfel schälen, vierteln, entkernen, in Scheiben schneiden. Orangen waschen, quer in Scheiben schneiden.

2 Alle Zutaten in einen Topf geben und zugedeckt langsam erhitzen, nicht kochen, mindestens eine Stunde köcheln lassen. Abseihen.

B R A S I L I E N

Papayacreme mit Cassislikör

Das köstliche Dessert ist im Handumdrehen zubereitet. Die sehr süßen Papayas gibt es überall in Brasilien.

Samantha Teixeira, São Paulo, Brasilien

FÜR 2 BIS 4 PERSONEN

1 reife, kräftig orange Papaya
4 Kugeln Vanilleeis
Cassislikör

1 Papaya schälen, halbieren, Kerne entfernen, Fruchtfleisch zerkleinern.

2 Fruchtfleisch und Eiscreme mixen. In Gläser füllen, 1–2 TL Cassislikör dazugeben.

K O L U M B I E N

Heiße Chili-Schokolade

Diese heiße Schokolade trank ich erstmals in Bogotà, als ich meine Freunde Adriana und Nick besuchte. Die Zeit ist mir immer noch sehr präsent, und dies wegen der tiefen Temperatur. Bei der Ankunft aus dem britischen Sommer erwartete mich in Kolumbien die seit langem tiefste Temperatur. Die heiße Chili-Schokolade mit Ingwer bewahrte mich bestimmt vor einer Erkältung! Im speziellen, schmalen Gefäß aus Metall mit dem integrierten hölzernen schneebesenähnlichen Rührlöffel wird die Schokolade noch besser.

Hollie McNish, England

FÜR 1 TASSE

2½ dl / 250 ml Milch
50 g Zartbitter-Schokolade, zerbröckelt
1–2 TL frisch geriebener Ingwer
¼–½ roter oder grüner Chili, entkernt, klein gewürfelt (Brunoise)
ca. 3 TL Rohrohrzucker

Die Milch bei mäßiger Hitze langsam erwärmen, nicht kochen. Übrige Zutaten zufügen, Schokolade unter Rühren mit einem Holzlöffel schmelzen, weiterrühren, bis sich Bläschen bilden. Rasch genießen.

Erdbeeren «Pavlova» – Eischneegebäck mit Beeren

Ich bin in Australien aufgewachsen und gehe davon aus, dass das köstliche Dessert «down under» kreiert worden ist, und zwar von Herbert Sachse, Chef des Hotels Esplanade in Perth, für die große russische Ballerina Anna Pavlova. Das Baiser-Gebäck ist außen knusprig, innen weich. Es ist leichter als Luft, so wie die große Ballerina wohl auch. Ich weiß, dass die Neuseeländer dieses Dessert auch für sich beanspruchen. Man kann es ihnen nicht verübeln, denn es schmeckt einfach großartig.

Ich bereite dieses Dessert jetzt schon seit fast 50 Jahren zu und man nennt mich in der Familie und bei Freunden «Pavlova-Queen». Genießen Sie es!

Penny Bassett, Oxford, England

FÜR 4 PERSONEN

4 mittelgroße Eiweiß, Zimmertemperatur
150 g Zucker
1 TL Zitronensaft
1 TL Maisstärke

3 dl/300 ml Rahm/Sahne
Erdbeeren, Bananen, Passionsfrüchte (Maracuja) usw.

1 Backofen auf 150 °C vorheizen. Eine große Tortenplatte mit einer Rondelle aus Backpapier belegen.

2 Das Eiweiß steif schlagen, Zucker nach und nach zugeben und weiterschlagen, Zitronensaft und Stärke darunterschlagen. Eischnee auf dem Backpapier verstreichen. Rand mit Eischneespitzen versehen, so dass man eine Art Korb bekommt, der dem Schlagrahm und den Erdbeeren Halt gibt.

3 Die Tortenplatte auf ein Backblech stellen, in der Mitte in den Ofen schieben, Eischneegebäck bei 140 °C 90 Minuten backen. Prüfen, ob das Gebäck knusprig ist, sonst weitere 15 Minuten backen. Backofen ausschalten. Baiser am besten über Nacht im Ofen stehen lassen.

4 Eischneeboden mit Schlagrahm und Erdbeeren bedecken.

Menge Wenn Sie das Pavlova-Dessert für mehr als 4 Personen zubereiten, nehmen Sie je Eiweiß 50 g Zucker, ¼ TL Zitronensaft und ¼ TL Speisestärke. Bei 6 Eiweiß schlage ich es in zwei Schüsseln steif.

Tres Leches – costaricanischer Kuchen

Das Souvenir von einer Reise mit meinen Eltern nach Costa Rica! In einem kleinen Bed & Breakfast in San José gab es zum Dessert Tres Leches (dreierlei Milch). Wir waren total begeistert! Ich fragte den Service-Verantwortlichen nach dem Rezept, worauf er mich umgehend in die Küche begleitete, um mit der Köchin zu sprechen. Die Frau sprach kein Wort Englisch. Ich konnte zwar etwas Spanisch, aber zum Aufschreiben des Rezeptes reichte das nicht. So saßen wir denn zu dritt, Köchin, Oberkellner und ich, an einem Tisch und übersetzten das Rezept ins Englische. An einem Wort zerbrachen wir uns fast den Kopf. Erst meine Mutter, die holländische Wurzeln hat, erkannte, dass das spanische Wort für Backpulver dem holländischen sehr ähnlich ist.

Caroline Bartel

FÜR 8 PERSONEN
FÜR EINE SPRINGFORM
VON 20 CM DURCHMESSER

100 g Weißmehl
1 TL phosphatfreies Backpulver
1 EL Maisstärke
6 Eigelbe
ca. 1,8 dl / 180 ml Wasser

2½ dl / 250 ml Rahm / Sahne
250 g gesüßte Kondensmilch
250 g eingedampfte Milch (Fertigprodukt, minus 60 % Wasseranteil)

2 dl / 200 ml Rahm / Sahne

1 Backofen auf 180 °C vorheizen. Boden der Springform mit Backpapier belegen, Ring mit Butter einfetten.

2 Mehl, Backpulver und Speisestärke in einer Schüssel mischen, Eigelbe unterrühren, so viel Wasser zugeben, dass man einen weichen Rührteig bekommt. Den Teig in die Form füllen und glattstreichen.

3 Die Form auf der zweituntersten Schiene in den Backofen schieben, das Biskuit bei 180 °C 30 bis 40 Minuten backen. Backprobe: das Biskuit ist durchgebacken, wenn ein hineingestochenes Stäbchen sauber bleibt. Biskuit in der Form auskühlen lassen. Aus der Form nehmen und auf eine Kuchenplatte legen. Oberfläche mit einem Holzstäbchen regelmäßig einstechen.

4 Rahm, gesüßte Kondensmilch und eingedampfte Milch verrühren, über das Biskuit verteilen. Stehen lassen, bis das Biskuit den Kondensmilchmix aufgenommen hat. Restlichen Rahm steif schlagen, das Biskuit damit überziehen.

Index

Bildverzeichnis

S. 8–12 © Troth Wells
S. 16 paalia under a CC License
S. 18 Ahron de Leeuw under a CC License
S. 24 brockzilla under a CC License
S. 26 zwolle under a CC License
S. 32 Fran Harvey
S. 35 quinn.anya under a CC License
S. 38 c.hug under a CC License
S. 40 House of Sims under a CC License
S. 41 Dschwen under a CC License
S. 42 Theodore Scott under a CC License
S. 45 Muffet under a CC License
S. 54 Julien Harneis under a CC License
S. 58 shadiworks under a CC License
S. 60–61 Andrew Kokokta
S. 68 Jacob Lotinga
S. 76 UN / F KEERY
S. 82 Mary Kleinenberg
S. 86 gregor_y under a CC License
S. 88 UN / P Johnson
S. 90 ctsnow under a CC License
S. 92 shawn-i-am. under a CC License
S. 96 UN / Jerry Frank
S. 100 pashasha under a CC License
S. 104 Ai@ce under a CC License
S. 137 Ed Yourdon under a CC License
S. 146 Dan Zen under a CC License
S. 158 visualthinker under a CC License
S. 162 -l.i.l.l.i.a.n- under a CC License
S. 172 CPWF Basin Focal Project under a CC License
S. 176 Rosino under a CC License
S. 187 Maria Rosaria Sannino / images and words under a CC License
S. 190 Ianz under a CC License
S. 194 Shadowgate under a CC License
S. 202 Rosino under a CC License
S. 214 robin.elaine under a CC License
S. 223 Martin Pettitt under a CC License
S. 224 judepics under a CC License
S. 226 Sistak under a CC License
S. 232 Troth Wells
S. 233 view from 5'2" under a CC License
S. 239 gutter under a CC License
S. 243 Troth Wells
S. 246 Plutor under a CC License
S. 247 Josephers under a CC License
S. 248 EverySpoon under a CC License

Autorin

Troth Wells arbeitet seit 1972 für «New Internationalist». Sie ist praktisch seit der Gründung dabei und half, eine breite Basis an Abonnenten für die gleichnamige Zeitschrift aufzubauen. Heute arbeitet sie als Buchautorin. Neben einer Reihe von No-Nonsense-Guides hat sie Bildbände und Kochbücher herausgebracht, die jeweils auf Englisch erschienen sind.

New Internationalist

Die gemeinnützige, unabhängige Organisation mit Sitz in Oxford ist über 30 Jahre alt und ist heute auch in Australien, Kanada und Neuseeland aktiv. Die englische Zeitschrift «New Internationalist» berichtet über internationale Themen im Zusammenhang mit der ungleichen Beziehung zwischen reichen und armen Ländern. «New Internationalist» ist zudem auch Herausgeber englischsprachiger Bücher.
www.newint.org